Ellenállhatatlan növényi húsgombócok szakácskönyve

100 tápláló és ízletes növényi alapú fasírt minden szájpadlásra

Emőke Fábián

szerzői jog Anyag ©2023

Minden jogok Fenntartott

Jól ennek része _ könyv Lehet lenni leült paripa továbbított ban ben Bármi formák paripa lenne Bármi eszközök nélkül a tiszta írott beleegyezése a _ kiadó és szerzői jog tulajdonos kivéve számára rövid idézetek leült ban ben és felülvizsgálat. Ez könyv kellene jegyzetek lenni figyelembe vett és helyettes számára orvosi legálisan paripa Egyéb profi _ _ tanács.

TARTALOMJEGYZÉK _

TARTALOMJEGYZÉK _ 3
BEVEZETÉS 7
ZÖLDSÉGI HÚSGODÁK 9
1. Vörös répa húsgombóc 10
2. Zöld lencse zöldségfasírt _ 13
3. Copycat Ikea zöldséggolyók 15
4. Gyógynövényes quinoa húsgombóc 17
5. Fekete bab húsgombóc 19
6. Zab- és zöldségfasírt 21
7. Fehér bab és dió húsgombóc 23
8. Garbanzo bab és sárgarépa húsgombóc 25
9. Grillezett bulgur és lencsefasírt 27
10. Gombás tofu húsgombóc 29
11. Lencse, borsó és sárgarépa húsgombóc 31
12. Gombás és zöldséges húsgombóc 33
13. Tex-Mex vega húsgombóc 35
14. Grillezett babfasírt 38
15. Hagyma Zab Húsgolyók 40
16. Vadgombás húsgombóc 42
17. Tofu Tahini vega húsgombóc 44
18. Fekete bab és földimogyoró húsgombóc 46
19. Vegán szalonnás húsgombóc 48
20. Árpa zab húsgombóc 50
21. Tempeh és diós húsgombóc 52
22. Vegyes bab- és zabfasírt 54
23. Tempeh és diós húsgombóc 56
24. Macadamia-Car rrot Húsgolyók 58
25. Currys csicseriborsó húsgombóc 60
26. Pinto bab húsgombóc Mayoval 62
27. Lencse, gomba és rizs húsgombóc 65
28. Shiitake és zabfasírt 67
29. Zab és vegán mozzarella húsgombóc 69

30. Diós és zöldséges húsgombóc............71
31. Marokkói Yam vega húsgombóc............73
32. Lencse, pisztácia és shiitake húsgombóc............76
33. Magas fehérjetartalmú vegán húsgombóc............79
34. Tofu golyó............82
35. Karfiol, bab és spenót húsgombóc............84
36. Kemencében sült vegán húsgombóc............86
37. Gombás és kesudiós parmezán húsgombóc............88
38. Cremini és lencse húsgombóc............90
39. Citromos oregánó húsgombóc............92
40. Riracha csicseriborsó húsgombóccal............94
41. Vegán gombás húsgombóc............96
42. Spagetti zöldséggel és húsgombóccal............98
43. Tempeh és hagymás húsgombóc............100
44. Lencse és gombás fasírt............103
45. Édes burgonya és fekete bab húsgombóc............105
46. Karfiol és csicseriborsó húsgombóc............107
47. Cukkini és quinoa húsgombóc............109
48. Spenót és feta húsgombóc............111
49. Brokkoli és cheddar húsgombóc............113
50. Sárgarépa és csicseriborsó húsgombóc............115
51. Gombás és diós fasírt............117
52. Cékla és quinoa húsgombóc............119
53. Quinoa és kukorica húsgombóc............121
54. Padlizsán és csicseriborsó húsgombóc............123
55. Burgonya és borsó húsgombóc............125
56. Kukorica és pirospaprika húsgombóc............127
57. Butternut squash és zsályás húsgombóc............129
58. Kelkáposzta és fehérbab húsgombóc............131
59. Quinoa és spenót húsgombóc............133
60. Karfiol és quinoa húsgombóc............135
61. Csicseriborsó és spenótos húsgombóc............137
62. Édes burgonya és csicseriborsó húsgombóc............139
63. Gombás és lencsés húsgombóc............141
64. Sárgarépa és cukkini húsgombóc............143

65. Quinoa és gombás húsgombóc...........145
66. Fekete bab és kukorica húsgombóc...........147
67. Brokkoli és cheddar sajtos húsgombóc...........149
68. Karfiol és sajtos húsgombóc...........151
69. Gombás és diós fasírt rozmaringgal...........153
ZÖLDSÉGI POGÁCSOK...........155
70. Red Beet Burgerek rukkolával...........156
71. Pekándió-lencse pogácsák...........159
72. Black Bean Burgerek...........161
73. Zab- és zöldségpogácsa...........163
74. Fehér bab és dió pogácsák...........165
75. Garbanzo babburgerek...........168
76. Bulgur lencse zöldségpogácsa...........170
77. Gombás tofu pogácsa...........172
78. Lencse, borsó és sárgarépa pogácsa...........174
79. Gyors zöldségpogácsák...........176
80. Tex-Mex zöldségpogácsa...........178
81. Vega bab pogácsák...........181
82. Hagyma Zab Patties...........183
83. Vadgombás pogácsa...........185
84. Tofu Tahini zöldségpogácsák...........187
85. Fekete bab és földimogyoró grillezők...........189
86. Árpa zab és zeller pogácsák...........191
87. Tempeh és hagymás pogácsák...........193
88. Vegyes bab- és zabpogácsák...........195
89. Tempeh és diós pogácsák...........197
90. Makadámia- kesudió pogácsák...........199
91. Arany csicseriborsó hamburgerek...........201
92. Currys csicseriborsó pogácsák...........203
93. Pinto babpogácsa Mayoval...........206
94. Lencse rizsburgerrel...........208
95. Shiitake és Oats Patty...........210
96. zab , Tojásos és mozzarella pogácsában...........212
97. Diós és zöldséges pogácsák...........214
98. Marokkói Yam Vega Burgerek...........216

99. Lencse, pisztácia és shiitake burger..................................219
100. Magas fehérjetartalmú vegán hamburgerek...............222
KÖVETKEZTETÉS..225

BEVEZETÉS

Üdvözöljük a zöldségfasírt világában! Ebben a szakácskönyvben arra invitálunk, hogy fedezze fel a növényi alapú fasírt ízletes és egészséges lehetőségeit. A zöldségfasírt kreatív és kielégítő módot kínál a zöldségek ízének és textúrájának élvezetére, miközben tápláló alternatívát kínál a hagyományos húsgombócokhoz. Ez a szakácskönyv útmutató a zöldségfasírt művészetének elsajátításához, valamint olyan tápláló és ízletes ételek elkészítéséhez, amelyek a vegánoknak és a húsimádóknak egyaránt tetszeni fognak.

A növényi húsgombócok a sokoldalúságról és a növényi alapú összetevők bőségéről tanúskodnak. A lencsétől és a csicseriborsótól a gombáig és a quinoáig a lehetőségek korlátlanok az ízletes húsgombóc-alternatívák elkészítésére. Ebben a szakácskönyvben a zöldséges húsgombócok gazdagságát és változatosságát ünnepeljük, és olyan receptgyűjteményt mutatunk be, amely különböző zöldségeket, gabonákat és fűszereket kombinál, hogy ínycsiklandó falatokat készítsen, amelyek egyszerre kielégítőek és táplálóak.

Ezeken az oldalakon receptek kincses tárházát fedezheti fel, amelyek bemutatják a zöldségfasírt kreativitását és ízeit. A klasszikus, olasz stílusú, növényi alapú fasírtoktól a különféle fűszernövényeket és fűszereket tartalmazó, globális ihletésű alkotásokig olyan kollekciót állítottunk össze, amely ízletes utazásra viszi ízlelőbimbóit. Minden receptet úgy alakítottak ki, hogy az ízek, állagok és tápanyagok kiegyensúlyozott kombinációját biztosítsa Önnek, biztosítva a kielégítő és élvezetes étkezési élményt.

Ez a szakácskönyv azonban több, mint pusztán zöldségfasírt-receptek összeállítása. Végigvezetjük Önt a húsgombóc-szerű textúrák és ízek növényi alapú összetevők felhasználásával történő létrehozásának művészetén, tippeket adunk a kötőanyagokhoz és fűszerekhez, valamint megosztunk technikákat a tökéletes állag és állag elérésére. Akár tapasztalt növényi alapú szakács, akár újonc a zöldséges húsgombócok világában, célunk, hogy olyan ízletes és egészséges ételeket készítsen, amelyek elkápráztatják ízlelőbimbóit és táplálják testét.

Tehát akár a hagyományos húsgombócok egészségesebb alternatíváját keresi, akár a növényi alapú étkezést kutatja, vagy egyszerűen csak több zöldséget szeretne beépíteni étrendjébe, legyen a „Kerttől a tányérig: A zöldséges húsgombócok szakácskönyve" útmutató. Készüljön fel, hogy megízlelje a zöldséges húsgombócok kreativitását és ízeit, és induljon el egy ízletes utazásra, amely a növényi alapú összetevők bőségességét és sokoldalúságát ünnepli.

ZÖLDSÉGI HÚSGODÁK

1. Vörös répa húsgombóc

ÖSSZETEVŐK:

- 15 uncia Light Red Kidney Beans lehet
- 2 ½ evőkanál extra szűz olívaolaj
- 2 ½ *uncia Cremini gomba*
- 1 vöröshagyma
- ½ csésze főtt barna rizs
- ¾ csésze cékla nyers
- 1/3 csésze kendermag
- 1 teáskanál őrölt fekete bors
- ½ teáskanál tengeri só
- ½ teáskanál őrölt koriandermag
- 1 vegán tojáspótló

UTASÍTÁS:

- Melegítse elő a sütőt 375 °F-ra. A babot egy keverőtálban jól pépesítjük, majd félretesszük.
- Egy tapadásmentes serpenyőben közepes lángon hevítsük fel az olajat.
- Adjuk hozzá a gombát és a hagymát, és pároljuk, amíg megpuhul, körülbelül 8 percig.
- Tegye át a zöldségkeveréket a babbal együtt a keverőedénybe.
- Keverje össze a rizst, a céklát, a kendermagot, a borsot, a sót és a koriandert.
- Adjuk hozzá a vegán tojáspótlót, és keverjük jól össze.
- Formázz a masszából négy golyót, és tedd egy fehérítetlen sütőpapírral bélelt tepsire.
- Enyhén kenje meg a húsgombócok tetejét ½ evőkanál olajjal az ujjbegyével.

- 1 órán át sütjük. Óvatosan fordítsa meg az egyes húsgombócokat, és süsse ropogósra, szilárdra és barnára, körülbelül 20 percig.

2.Zöld lencse zöldségfasírt

ÖSSZETEVŐK:

- 1 sárgahagyma apróra vágva
- 1 nagy sárgarépa meghámozva és felkockázva
- 4 gerezd fokhagyma aprítva
- 2 csésze főtt zöld lencse
- 2 evőkanál paradicsompüré
- 1 teáskanál oregánó
- 1 teáskanál szárított bazsalikom
- ¼ csésze tápláló élesztő
- 1 teáskanál tengeri só
- 1 csésze tökmag

UTASÍTÁS:

- A robotgépben az összes hozzávalót összedolgozzuk.
- Impulzus kombinálható, hagyva némi textúrát.
- A lencséből 4 fasírtot formázunk.

3.Copycat Ikea zöldséggolyók

ÖSSZETEVŐK:
- 1 doboz Csicseriborsó, konzerv
- 1 csésze fagyasztott spenót
- 3 sárgarépa
- ½ kaliforniai paprika
- ½ csésze konzerv csemegekukorica
- 1 csésze zöldborsó
- 1 hagyma
- 3 gerezd fokhagyma
- 1 csésze zabliszt
- 1 evőkanál olívaolaj
- Fűszerezés

UTASÍTÁS:
- Az összes zöldséget aprítógépbe tesszük, és addig pörköljük, amíg finomra nem vágjuk.
- Most adjuk hozzá a fagyasztott, de felolvasztott vagy friss spenótot, a szárított zsályát és a szárított petrezselymet.
- Add hozzá a konzerv csicseriborsót és a Pulse-t, amíg össze nem keverednek.
- Keverjük össze és főzzük 1-2 percig.
- Zöldséggolyókat készítünk, kanalazzuk egy labdát, és formázzuk meg a kezünkkel.
- Helyezze a golyókat sütőpapírra vagy egy tepsire.
- 20 percig sütjük, amíg ropogós héja nem lesz.

4.Gyógynövényes quinoa húsgombóc

ÖSSZETEVŐK:

- 2 csésze főtt quinoa
- ¼ csésze vegán parmezán sajt, reszelve
- ¼ csésze vegán asiago sajt, reszelve
- ¼ csésze friss bazsalikom, darálva
- 2 evőkanál friss koriander, darálva
- 1 teáskanál friss oregánó, darálva
- ½ teáskanál friss kakukkfű
- 3 kis gerezd fokhagyma finomra aprítva
- 1 nagy tojás
- 2 nagy csipet kóser só
- ½ teáskanál fekete bors
- ¼ csésze olasz fűszerezett zsemlemorzsa
- 1 csipet - ¼ teáskanál zúzott pirospaprika pehely

UTASÍTÁS:

- Keverje össze az összes hozzávalót egy nagy tálban.
- Öntsön egy kevés olívaolajat az előmelegített serpenyőbe.
- Formázzunk egy golflabdánál kicsivel kisebb húsgombócot, és tegyük a húsgombócot a serpenyőbe.
- Serpenyőben vagy peremes tepsiben megsütjük, és előmelegített sütőben 25 percig sütjük.

5.Fekete bab húsgombóc

ÖSSZETEVŐK:
- 3 evőkanál olívaolaj
- ½ csésze darált hagyma
- 1 gerezd fokhagyma, felaprítva
- 1½ csésze fekete bab
- 1 evőkanál darált friss petrezselyem
- ½ csésze száraz fűszerezetlen panko
- ¼ csésze búzagluténliszt
- 1 teáskanál füstölt paprika
- ½ teáskanál szárított kakukkfű
- Só és frissen őrölt fekete bors

UTASÍTÁS:
- Egy serpenyőben hevíts fel 1 evőkanál olajat, és melegítsd néhány percig.
- Adjuk hozzá a hagymát és a fokhagymát, és főzzük, amíg megpuhul, körülbelül 5 percig.
- Tegye át a hagymás keveréket egy konyhai robotgépbe.
- Adjuk hozzá a babot, a petrezselymet, a pankot, a lisztet, a paprikát, a kakukkfüvet, és ízlés szerint sózzuk, borsozzuk.
- Addig dolgozzuk, amíg jól össze nem áll, hagyva némi textúrát.
- A keverékből 4 egyforma húsgombócot formázunk, és 20 percre hűtőbe tesszük.
- Egy serpenyőben mérsékelt lángon hevítsük fel a maradék 2 evőkanál olajat.
- Hozzáadjuk a húsgombócokat, és mindkét oldalukon barnulásig sütjük, egyszer megforgatva, oldalanként körülbelül 5 percig.

6.Zab- és zöldségfasírt

ÖSSZETEVŐK:

- 2 evőkanál plusz 1 teáskanál olívaolaj
- 1 hagyma, apróra vágva
- 1 sárgarépa, lereszelve
- 1 csésze sózatlan vegyes dió
- $\frac{1}{4}$ csésze búzagluténliszt
- $\frac{1}{2}$ csésze régimódi zab, plusz még több, ha szükséges
- 2 evőkanál krémes mogyoróvaj
- 2 evőkanál darált friss petrezselyem
- $\frac{1}{2}$ teáskanál só
- $\frac{1}{4}$ teáskanál frissen őrölt fekete bors

UTASÍTÁS:

- Egy serpenyőben mérsékelt lángon hevíts fel 1 teáskanál olajat.
- Adjuk hozzá a hagymát, és főzzük puhára, körülbelül 5 percig. Keverje hozzá a sárgarépát, és tegye félre.
- Egy konyhai robotgépben pörgesse fel a diót, amíg fel nem vágják.
- Adjuk hozzá a hagymás-sárgarépa keveréket a liszttel, zabbal, mogyoróvajjal, petrezselyemmel, sóval és borssal. Addig dolgozzuk, amíg jól el nem keveredik.
- A keverékből 4 egyforma húsgombócot formázunk.
- Egy serpenyőben felforrósítjuk a maradék 2 evőkanál olajat, hozzáadjuk a húsgombócokat, és mindkét oldalukon barnulásig sütjük, oldalanként körülbelül 5 percig.

7.Fehér bab és dió húsgombóc

ÖSSZETEVŐK:

- ¼ csésze kockára vágott hagyma
- 1 gerezd fokhagyma, összetörve
- 1 csésze diódarabok
- 1 csésze konzerv vagy főtt fehér bab
- 1 csésze búzaglutén liszt
- 2 evőkanál darált friss petrezselyem
- 1 evőkanál szójaszósz
- 1 teáskanál dijoni mustár, plusz még több a tálaláshoz
- ½ teáskanál só
- ½ teáskanál őrölt zsálya
- ½ teáskanál édes paprika
- ¼ teáskanál kurkuma
- ¼ teáskanál frissen őrölt fekete bors
- 2 evőkanál olívaolaj

UTASÍTÁS:

- Egy robotgépben keverjük össze a hagymát, a fokhagymát és a diót, és dolgozzuk finomra.
- Főzzük a babot egy serpenyőben, keverés közben 1-2 percig, hogy a nedvesség elpárologjon.
- Adja hozzá a babot a robotgépbe a liszttel, petrezselyemmel, szójaszósszal, mustárral, sóval, zsályával, paprikával, kurkumával és borssal együtt.
- Addig dolgozzuk, amíg jól el nem keveredik. A keverékből 4 egyforma húsgombócot formázunk.
- Egy serpenyőben mérsékelt lángon hevítsük fel az olajat.
- Hozzáadjuk a húsgombócokat, és mindkét oldalukon barnulásig sütjük, oldalanként körülbelül 5 percig.

8.Garbanzo bab és sárgarépa húsgombóc

ÖSSZETEVŐK:

- 2 csésze pépesített garbanzo bab
- 1 db szárzeller, finomra vágva
- 1 db sárgarépa, apróra vágva
- $\frac{1}{4}$ Hagyma, darált
- $\frac{1}{4}$ csésze teljes kiőrlésű liszt
- Só és bors ízlés szerint
- 2 teáskanál Olaj

UTASÍTÁS:

- A hozzávalókat az olaj kivételével egy tálban összekeverjük.
- Formázz 6 húsgombócot.
- Olajozott serpenyőben közepes lángon addig sütjük, amíg a húsgombóc mindkét oldala aranybarna nem lesz.

9.Grillezett bulgur és lencsefasírt

ÖSSZETEVŐK:

- 2 csésze főtt lencse
- 1 csésze füstölt portobello gomba,
- 1 csésze Bulgur búza
- 2 gerezd pirított fokhagyma,
- 2 evőkanál dióolaj
- $\frac{1}{4}$ teáskanál tárkony, darálva
- Só és bors ízlés szerint

UTASÍTÁS:

- Készítsen egy fa- vagy faszén grillet, és hagyja parázsig leégni.
- Egy keverőtálban pépesítsd simára a lencsét.
- Hozzáadjuk az összes hozzávalót, és alaposan összekeverjük.
- Hűtőbe tesszük legalább 2 órára. Formázz húsgombócokat.
- Kenjük meg a húsgombócokat olívaolajjal, és grillezzük mindkét oldalukon 6 percig, vagy készre.

10. Gombás tofu húsgombóc

ÖSSZETEVŐK:

- ½ csésze hengerelt zab
- 1¼ csésze durvára vágott mandula
- 1 evőkanál olíva- vagy repceolaj
- ½ csésze apróra vágott zöldhagyma
- 2 teáskanál darált fokhagyma
- 1½ csésze apróra vágott Cremini
- ½ csésze főtt barna basmati
- ⅓ csésze vegán cheddar sajt
- ⅔ csésze pépesített kemény tofu
- 1 vegán tojáspótló
- 3 evőkanál apróra vágott petrezselyem
- ½ csésze száraz panko

UTASÍTÁS:

- Egy serpenyőben olajat hevítünk, és a hagymát, a fokhagymát és a gombát puhára pároljuk.
- Hozzáadjuk a zabot, és folyamatos keverés mellett további 2 percig főzzük.
- Keverje össze a hagymás keveréket a rizzsel, vegán sajttal, tofuval és vegán tojáspótlóval.
- Petrezselyem, panko és mandula, és keverjük össze. Ízlés szerint sózzuk, borsozzuk.
- Formázz 6 húsgombócot, és pirítsd vagy süsd aranybarnára és kívül ropogósra.

1.Lencse, borsó és sárgarépa húsgombóc

ÖSSZETEVŐK:

- ½ apróra vágott hagyma
- ½ csésze főtt zöld lencse
- ⅓ csésze főtt borsó
- 1 reszelt sárgarépa
- 1 evőkanál apróra vágott friss petrezselyem
- 1 teáskanál Tamari
- 2 csésze panko
- ¼ csésze liszt
- 1 vegán tojáspótló

UTASÍTÁS:

- A hagymát puhára pároljuk. A liszt kivételével az összes hozzávalót összekeverjük, és hagyjuk kihűlni.
- A keverékből fasírtokat formázunk, és serpenyőben megpirítjuk.

12.Gombás és zöldséges húsgombóc

ÖSSZETEVŐK:

- 10 uncia Zöldség, vegyes, fagyasztott
- 1 vegán tojáspótló
- csipet Só és bors
- ½ csésze gomba, frissen, apróra vágva
- ½ csésze panko
- 1 hagyma, szeletelve

UTASÍTÁS:

- Melegítsük elő a sütőt 350 fokra.
- Pároljuk a zöldségeket puhára
- Tedd félre, hűvös.
- A párolt zöldségeket apróra vágjuk, és összekeverjük vegán tojással, sóval, borssal, gombával és pankóval.
- A keverékből fasírtokat formázunk.
- Helyezze a húsgombócokat, tetején hagymaszeletekkel egy enyhén olajozott tepsire.
- Egyszer megforgatva süssük barnára és mindkét oldalán ropogósra, körülbelül 45 perc alatt.

13. Tex-Mex vega húsgombóc

ÖSSZETEVŐK:

- 15¼ uncia Egész szemű kukorica konzerv
- ½ csésze folyadék fenntartva
- ½ csésze kukoricadara
- ½ csésze hagyma, apróra vágva
- ⅓ csésze piros kaliforniai paprika, finomra vágva
- ½ teáskanál lime héja, lereszelve
- ¼ csésze főtt fehér rizs
- 3 evőkanál friss koriander, apróra vágva
- 4 teáskanál Jalapeno chili paprika
- ½ teáskanál őrölt kömény
- 4 lisztes tortilla, 9-10 hüvelykes

UTASÍTÁS:

- Keverjen össze ½ csésze kukoricaszemet és 1 evőkanál kukoricalisztet egy processzorban, amíg nedves csomók képződnek.
- Adjunk hozzá ¾ csésze kukoricaszemet, és dolgozzuk 10 másodpercig
- Tegye át a kukoricakeveréket egy nehéz tapadásmentes serpenyőbe.
- Adjunk hozzá ½ csésze kukoricafolyadékot, hagymát, kaliforniai paprikát és lime héját.
- Fedjük le, és nagyon alacsony lángon főzzük sűrűre és szilárdra, gyakran kevergetve 12 percig.
- Keverje hozzá a rizst, a koriandert, a jalapenót, a sót és a köményt.
- Cseppentsünk ¼-et a keverékből mind a 4 darab fóliára, és nyomkodjuk a darabokat ¾ hüvelyk vastag húsgombócokká.
- Barbecue elkészítése.

- Fújja be a húsgombócok mindkét oldalát tapadásmentes spray-vel, és süsse ropogósra, oldalanként körülbelül 5 percig.
- Grill tortillákat, amíg rugalmas nem lesz, oldalanként körülbelül 30 másodpercig

14.Grillezett babfasírt

ÖSSZETEVŐK:
- 2 uncia főtt vegyes bab
- 1 hagyma, finomra vágva
- 1 sárgarépa, finomra reszelve
- 1 teáskanál növényi kivonat
- 1 teáskanál szárított fűszernövény keverék
- 1 uncia teljes kiőrlésű panko

UTASÍTÁS:
- Az összes hozzávalót konyhai robotgépben vagy turmixgépben majdnem simára keverjük.
- Formázz 4 vastag fasírtot és jól hűtsd le.
- Kenje meg olajjal, és grillezzen körülbelül 15 percig, egyszer-kétszer megfordítva.
- Szezámmártással, salátával és sült krumplival tálaljuk.

15. Hagyma Zab Húsgolyók

ÖSSZETEVŐK:

- 4 csésze Víz
- ½ csésze csökkentett sótartalmú szójaszósz
- ½ csésze tápláló élesztő
- 1 Hagyma felkockázva
- 1 evőkanál oregánó
- ½ evőkanál fokhagyma por
- 1 evőkanál szárított bazsalikom
- 4½ csésze régimódi hengerelt zab

UTASÍTÁS:

- A zab kivételével minden hozzávalót felforralunk.
- Csökkentse a hőt alacsonyra, és keverjen hozzá 4½ csésze hengerelt zabot.
- Körülbelül 5 percig főzzük, amíg a víz felszívódik.
- Töltsünk meg egy téglalap alakú tapadásmentes tepsit a keverékkel
- 350 F.-on 25 percig sütjük.
- Ezután vágja őket 4 hüvelykes négyzet alakú húsgombócokra, és fordítsa meg őket.
- További 20 percig főzzük.
- Hidegen vagy melegen főételként tálaljuk.

16.Vadgombás húsgombóc

ÖSSZETEVŐK:

- 2 teáskanál olívaolaj
- 1 Sárgahagyma finomra vágva
- 2 mogyoróhagyma, meghámozva és felaprítva
- $\frac{1}{8}$ teáskanál só
- 1 csésze szárított shiitake gomba
- 2 bögre Portobello gomba
- 1 csomag tofu
- ⅓ csésze pirított búzacsíra
- ⅓ csésze panko
- 2 evőkanál Lite szójaszósz
- 1 teáskanál Folyékony füstaroma
- $\frac{1}{2}$ teáskanál granulált fokhagyma
- $\frac{3}{4}$ csésze gyorsfőző zab

UTASÍTÁS:

- A hagymát, a medvehagymát és a sót olívaolajon körülbelül 5 percig pároljuk.
- Száraz puhított shiitake gombát, és aprítsa fel friss gombával egy robotgépben. Hozzáadjuk a hagymához.
- 10 percig főzzük, időnként megkeverve, hogy ne ragadjon le.
- A gombát összekeverjük a pépesített tofuval, hozzáadjuk a többi hozzávalót, és jól összedolgozzuk.
- Nedves kézzel, hogy ne ragadjon le, és formáljunk belőle húsgombócot.
- 25 percig sütjük, 15 perc után egyszer megfordítjuk.

17. Tofu Tahini vega húsgombóc

ÖSSZETEVŐK:

- 1 kilós kemény tofu, lecsepegtetve
- 1½ csésze nyers zabpehely
- ½ csésze reszelt sárgarépa
- 1 apróra vágott pirított hagyma
- 1 evőkanál Tahini, többé-kevésbé
- 1 evőkanál szójaszósz

UTASÍTÁS:

- Adja hozzá a kiválasztott fűszerek és gyógynövények keverékét.
- Sütőlapokon húsgombócokat formázunk.
- 350 fokon 20 percig sütjük, majd megfordítjuk és további 10 percig sütjük.

18. Fekete bab és földimogyoró húsgombóc

ÖSSZETEVŐK:

- 1 csésze TVP granulátum
- 1 csésze víz
- 1 evőkanál szójaszósz
- 15 uncia fekete bab doboz
- ½ csésze létfontosságú búzagluténliszt
- ¼ csésze barbecue szósz
- 1 evőkanál folyékony füst
- ½ teáskanál fekete bors
- 2 evőkanál mogyoróvaj

UTASÍTÁS:

- Oldja fel a TVP-t úgy, hogy egy mikrohullámú sütőben használható edényben keverje össze vízzel és szójaszósszal, szorosan fedje le műanyag fóliával, és melegítse magas hőmérsékleten 5 percig.
- Adja hozzá a babot, a búzaglutént, a barbecue szószt, a folyékony füstöt, a borsot és a mogyoróvajat az elkészített TVP-hez, ha már elég hűvös a kezeléshez.
- Kézzel pépesítsd, amíg egynemű nem lesz, és a bab nagy része össze nem töredezett.
- Formázz 6 húsgombócot.
- Grillezzön a grillen, és menet közben kenje meg a további barbecue szósszal, oldalanként körülbelül 5 percig.

19. Vegán szalonnás húsgombóc

ÖSSZETEVŐK:

- 1 csésze TVP granulátum
- 2 evőkanál steak szósz
- 1 evőkanál folyékony füst
- ¼ csésze repce vagy il
- 1/3 csésze mogyoróvaj
- ½ csésze létfontosságú búzagluténliszt
- ½ csésze vegán bacon darabok
- ¼ csésze tápláló élesztő
- 1 evőkanál paprika
- 1 evőkanál fokhagyma por
- 1 teáskanál őrölt fekete bors

UTASÍTÁS:

- Oldja fel a TVP-t úgy, hogy a TVP-t, a vizet, a steak szószt és a folyékony füstöt összekeverjük egy mikrohullámú sütőben használható edényben, szorosan letakarva műanyag fóliával, és 5 percig magas hőmérsékleten sütjük.
- Adja hozzá az olajat és a mogyoróvajat a TVP keverékhez.
- Egy keverőtálban keverjük össze a búzaglutént, a vegán szalonnát, az élesztőt, a paprikát, a fokhagymaport és a fekete borsot.
- Adjuk hozzá a TVP keveréket a lisztes keverékhez, és gyúrjuk, amíg jól be nem keveredik.
- Fedjük le és hagyjuk állni 20 percig.
- Formázz 4-6 húsgombócot, és tetszés szerint készítsd el.

20. Árpa zab húsgombóc

ÖSSZETEVŐK:

- 1 csésze konzerv vajbab
- ¾ csésze Bulgur, főtt
- ¾ csésze árpa, főtt
- ½ csésze gyors zabpehely, nyersen
- 1½ evőkanál szójaszósz
- 2 evőkanál barbecue szósz
- 1 teáskanál szárított bazsalikom
- ½ csésze hagyma, finomra vágva
- 1 gerezd fokhagyma, finomra aprítva
- 1 szárzeller, apróra vágva
- 1 teáskanál Só
- Bors ízlés szerint

UTASÍTÁS:

- Villával vagy burgonyatörővel csak enyhén pépesítse a babot.
- Hozzáadjuk a többi hozzávalót, és 6 darab fasírtot formázunk belőle.
- A serpenyőt mindkét oldalukon meglocsoljuk olajjal és barna húsgombócokkal.

21. Tempeh és diós húsgombóc

ÖSSZETEVŐK:

- 8 uncia tempeh, fél hüvelykes kockákra vágva
- ¾ csésze apróra vágott hagyma
- 2 gerezd fokhagyma, apróra vágva
- ¾ csésze darált dió
- ½ csésze régimódi vagy gyorsan elkészíthető zab
- 1 evőkanál darált friss petrezselyem
- ½ teáskanál szárított oregánó
- ½ teáskanál szárított kakukkfű
- ½ teáskanál só
- ¼ teáskanál frissen őrölt fekete bors
- 3 evőkanál olívaolaj

UTASÍTÁS:

- Egy serpenyőben, forrásban lévő vízben főzzük a tempeh-et 30 percig.
- Leszűrjük és félretesszük hűlni.
- Aprítógépben keverjük össze a hagymát és a fokhagymát, és dolgozzuk fel darálásig.
- Adjuk hozzá a kihűlt tempeh-t, a diót, a zabot, a petrezselymet, az oregánót, a kakukkfüvet, a sót és a borsot.
- Addig dolgozzuk, amíg jól el nem keveredik. A keverékből 4 egyforma húsgombócot formázunk.
- Egy serpenyőben mérsékelt lángon hevítsük fel az olajat.
- Hozzáadjuk a húsgombócokat, és mindkét oldalukat alaposan megsütjük, oldalanként 7 percig.

22. Vegyes bab- és zabfasírt

ÖSSZETEVŐK:

- 1 evőkanál olívaolaj
- 1 hagyma, apróra vágva
- 4 gerezd fokhagyma, felaprítva
- 1 sárgarépa, felaprítva
- 1 teáskanál őrölt kömény
- 1 teáskanál chili por
- Bors ízlés szerint
- 15 *uncia* pinto bab, leöblítve, lecsepegtetve és pépesítve
- 15 *uncia* feketebab, leöblítve, lecsöpögtetve és pépesítve
- 1 evőkanál ketchup
- 2 evőkanál dijoni mustár
- 2 evőkanál szójaszósz
- 1½ csésze zab
- ½ csésze salsa

UTASÍTÁS:

- Adjuk hozzá az olívaolajat egy serpenyőbe tűzön.
- Főzzük a hagymát 2 percig, gyakran kevergetve.
- Keverjük hozzá a fokhagymát. Ezután főzzük 1 percig.
- Adjuk hozzá a sárgarépát, az őrölt köményt és a chiliport.
- 2 percig kevergetve főzzük.
- Tegye át a sárgarépa keveréket egy tálba.
- Keverje hozzá a pépesített babot, a ketchupot, a mustárt, a szójaszószt és a zabot.
- Formázz húsgombócokat.
- A húsgombócokat oldalanként 4-5 percig grillezzük.

23. Tempeh és diós húsgombóc

ÖSSZETEVŐK:
- 8 uncia tempeh, fél hüvelykes kockákra vágva
- ¾ csésze apróra vágott hagyma
- 2 gerezd fokhagyma, apróra vágva
- ¾ csésze darált dió
- ½ csésze régimódi vagy gyorsan elkészíthető zab
- 1 evőkanál darált friss petrezselyem
- ½ teáskanál szárított oregánó
- ½ teáskanál szárított kakukkfű
- ½ teáskanál só
- ¼ teáskanál frissen őrölt fekete bors
- 3 evőkanál olívaolaj

UTASÍTÁS:
- Egy serpenyőben, forrásban lévő vízben főzzük a tempeh-et 30 percig.
- Leszűrjük és félretesszük hűlni.
- Aprítógépben keverjük össze a hagymát és a fokhagymát, és dolgozzuk fel darálásig.
- Adjuk hozzá a kihűlt tempeh-t, a diót, a zabot, a petrezselymet, az oregánót, a kakukkfüvet, a sót és a borsot.
- Addig dolgozzuk, amíg jól el nem keveredik. A keverékből 4 egyforma húsgombócot formázunk.
- Egy serpenyőben mérsékelt lángon hevítsük fel az olajat.
- Hozzáadjuk a húsgombócokat, és mindkét oldalukon alaposan megpirítjuk és megpirítjuk, oldalanként körülbelül 7 percig.

24. Macadamia-Carrrot Húsgolyók

ÖSSZETEVŐK:
- 1 csésze apróra vágott makadámdió
- 1 csésze apróra vágott kesudió
- 1 sárgarépa, lereszelve
- 1 hagyma, apróra vágva
- 1 gerezd fokhagyma, felaprítva
- 1 jalapeño vagy más zöld chili kimagozva és darálva
- 1 csésze régimódi zab
- 1 csésze száraz fűszerezetlen mandulaliszt
- 2 evőkanál darált friss koriander
- ½ teáskanál őrölt koriander
- Só és frissen őrölt fekete bors
- 2 teáskanál friss limelé
- Repce- vagy szőlőmagolaj, sütéshez

UTASÍTÁS:
- Egy robotgépben keverje össze a makadámdiót, a kesudiót, a sárgarépát, a hagymát, a fokhagymát, a chilit, a zabot, a mandulalisztet, a koriandert, a koriandert, valamint ízlés szerint sót és borsot.
- Addig dolgozzuk, amíg jól el nem keveredik. Hozzáadjuk a lime levét, és jól összedolgozzuk.
- Kóstoljuk meg, ha szükséges fűszerezzük.
- A keverékből 4 egyforma húsgombócot formázunk.
- Egy serpenyőben mérsékelt lángon hevíts fel vékony réteg olajat.
- Hozzáadjuk a húsgombócokat, és mindkét oldalukat aranybarnára sütjük, összesen kb. 10 percig forgatva.

25. Currys csicseriborsó húsgombóc

ÖSSZETEVŐK:

- 3 evőkanál olívaolaj
- 1 hagyma, apróra vágva
- 1½ teáskanál forró vagy enyhe currypor
- ½ teáskanál só
- 1/8 teáskanál őrölt cayenne
- 1 csésze főtt csicseriborsó
- 1 evőkanál apróra vágott friss petrezselyem
- ½ csésze búzagluténliszt
- 1/3 csésze száraz fűszerezetlen mandulaliszt

UTASÍTÁS:

- Egy serpenyőben mérsékelt lángon hevíts fel 1 evőkanál olajat.
- Adjuk hozzá a hagymát, fedjük le, és főzzük, amíg megpuhul, 5 percig. Keverjünk hozzá 1 teáskanál curryport, sót és cayenne-t, majd vegyük le a tűzről. Félretesz, mellőz.
- Aprítógépben keverjük össze a csicseriborsót, a petrezselymet, a búzagluténlisztet, a mandulalisztet és a főtt hagymát.
- A csicseriborsó keverékből 4 egyforma húsgombócot formázunk, és félretesszük.
- Egy serpenyőben mérsékelt lángon hevítsük fel a maradék 2 evőkanál olajat.
- Adjuk hozzá a húsgombócokat, fedjük le, és süssük aranybarnára mindkét oldalát, egyszer megforgatva, oldalanként körülbelül 5 percig.
- Egy tálban keverjük össze a maradék ½ teáskanál curryport a majonézzel keveredik.

26.Pinto bab húsgombóc Mayoval

ÖSSZETEVŐK:
- 1½ csésze főtt pinto bab
- 1 medvehagyma, apróra vágva
- 1 gerezd fokhagyma, felaprítva
- 2 evőkanál apróra vágott friss koriander
- 1 teáskanál kreol fűszer
- ¼ csésze búzagluténliszt
- Só és frissen őrölt fekete bors
- ½ csésze száraz fűszerezetlen mandulaliszt
- 2 teáskanál friss limelé
- 1 serrano chile, kimagozva és darálva
- 2 evőkanál olívaolaj

UTASÍTÁS:
- Törölje le a babot papírtörlővel, hogy felszívja a felesleges nedvességet.
- Aprítógépben keverje össze a babot, a medvehagymát, a fokhagymát, a koriandert, a kreol fűszereket, a lisztet, valamint ízlés szerint sót és borsot. Addig dolgozzuk, amíg jól el nem keveredik.
- Formázz a keverékből 4 egyforma húsgombócot, ha szükséges, adj hozzá még lisztet.
- A húsgombócokat beleforgatjuk a mandulalisztbe. 20 percre hűtőbe tesszük.
- Egy tálban keverje össze a majonézt, a lime levét és a serrano chilit.
- Ízlés szerint sózzuk, borsozzuk, jól összekeverjük, és tálalásig hűtőbe tesszük.
- Egy serpenyőben mérsékelt lángon hevítsük fel az olajat.

- Hozzáadjuk a húsgombócokat, és mindkét oldalukon barnára és ropogósra sütjük, oldalanként körülbelül 5 percig.

27. Lencse, gomba és rizs húsgombóc

ÖSSZETEVŐK:

- ¾ csésze Lencse
- 1 Édesburgonya
- 10 Friss spenót levelek
- 1 csésze Friss gomba, apróra vágva
- ¾ csésze mandulaliszt
- 1 tk Tárkony
- 1 tk Fokhagyma por
- 1 tk Petrezselyempehely
- ¾ csésze Hosszúszemű rizs

UTASÍTÁS:

- főzzük, amíg kissé ragadós lesz, a lencsét pedig puhára. Kissé hűtsük le.
- A meghámozott édesburgonyát apróra vágjuk, és puhára főzzük. Kissé hűtsük le.
- A spenótleveleket le kell öblíteni és finomra aprítani.
- Keverjük össze az összes hozzávalót és a fűszereket, adjunk hozzá sót és borsot ízlés szerint.
- Hűtőben hűtjük 15-30 percig.
- Húsgombócokat formázunk, és serpenyőben vagy zöldséggrillben megpirítjuk.
- Ügyeljen arra, hogy egy serpenyőt Pam-mel zsírozzon vagy permetezzen be, mert ezek a húsgombócok hajlamosak leragadni.

8.Shiitake és zabfasírt

ÖSSZETEVŐK:

- 8 uncia hengerelt zab
- 4 uncia vegán mozzarella sajt
- 3 uncia Shiitake gomba felkockázva
- 3 uncia fehér hagyma felkockázva
- 2 gerezd fokhagyma apróra vágva
- 2 uncia pirospaprika kockára vágva
- 2 uncia cukkini kocka

UTASÍTÁS:

- Keverje össze az összes hozzávalót egy konyhai robotgépben.
- Nyomja meg a be/ki kapcsolót, hogy nagyjából összekeverje az összetevőket.
- Ne keverje túl. A végső keverés kézzel is elvégezhető.
- Négy uncias húsgombócokat formázunk.
- Egy serpenyőben adjunk hozzá egy kevés olívaolajat.
- Amikor a serpenyő forró, adjuk hozzá a húsgombócokat.
- Oldalanként egy percig sütjük.

29.Zab és vegán mozzarella húsgombóc

ÖSSZETEVŐK:

- ½ csésze zöldhagyma, apróra vágva
- ¼ csésze zöldpaprika, apróra vágva
- ¼ csésze petrezselyem, apróra vágva
- ¼ teáskanál fehér bors
- 2 gerezd fokhagyma, kockára vágva
- ½ csésze Vegán Mozzarella sajt, reszelve
- ¾ csésze barna rizs
- ⅓ csésze víz vagy fehérbor
- ½ csésze sárgarépa, felaprítva
- ⅔ csésze hagyma, apróra vágva
- 3 zellerszár, apróra vágva
- 1¼ teáskanál fűszersó
- ¾ teáskanál kakukkfű
- ½ csésze vegán Cheddar sajt, reszelve
- 2 csésze gyors zab
- ¾ csésze Bulgur búza

UTASÍTÁS:

- Főzzük meg a rizst és a bulgur búzát.
- Fedett serpenyőben 3 percig pároljuk a zöldségeket, egyszer-kétszer megkeverve.
- Alaposan csepegtessük le, és keverjük össze rizzsel és vegán sajttal, amíg a sajt kissé megolvad.
- Keverjük hozzá a többi hozzávalót.
- Formázz 4 uncia húsgombócokat.
- Süssük egyenként körülbelül 10 percig grillsütőn, főzőpermet segítségével.
- Főételként tálaljuk.

30. Diós és zöldséges húsgombóc

ÖSSZETEVŐK:

- ½ vöröshagyma
- 1 borda zeller
- 1 sárgarépa
- ½ piros kaliforniai paprika
- 1 csésze dió, pirított, őrölt
- ½ csésze panko
- ½ csésze orzo tészta
- 2 vegán tojáspótló
- Só, bors
- Avokádó szeletek
- Lilahagyma szeletek
- Ketchup
- Mustár

UTASÍTÁS:

- A hagymás zellert, a sárgarépát és a piros kaliforniai paprikát olajon puhára pároljuk
- Adjuk hozzá a fokhagymát, a diót, a morzsát és a rizst. Formázz húsgombócokat.
- Olajban aranysárgára sütjük.
- Egy tálra szereljük össze.

1.Marokkói Yam vega húsgombóc

ÖSSZETEVŐK:
- 1½ csésze hámozott és reszelt jamgyökér
- 2 gerezd fokhagyma, meghámozva
- ¾ csésze friss korianderlevél
- 1 darab friss gyömbér, meghámozva
- 15 uncia konzerv csicseriborsó, lecsepegtetve és leöblítve
- 2 evőkanál őrölt len 3 evőkanál vízzel elkeverve
- ¾ csésze hengerelt zab, liszté őrölve
- ½ evőkanál szezámolaj
- 1 evőkanál kókuszdió aminosav vagy alacsony nátriumtartalmú tamari
- ½ teáskanál finom szemű tengeri só vagy rózsaszín himalájai só ízlés szerint
- Frissen őrölt fekete bors, ízlés szerint
- 1½ teáskanál chili por
- 1 teáskanál kömény
- ½ teáskanál koriander
- ¼ teáskanál fahéj
- ¼ teáskanál kurkuma
- ½ csésze koriander-lime tahini szósz

UTASÍTÁS:
- Melegítse elő a sütőt 350 F-ra.
- Egy tepsit kibélelünk egy darab sütőpapírral.
- A fokhagymát, a koriandert és a gyömbért apróra vágjuk.
- Adjuk hozzá a lecsepegtetett csicseriborsót, és dolgozzuk újra finomra, de hagyjunk némi állagot. Ezt a keveréket kanalazzuk egy tálba.
- Egy tálban keverjük össze a len és a víz keverékét.

- A zabot turmixgéppel vagy konyhai robotgéppel lisztté őröljük.
- Ezt keverjük a keverékhez a lenkeverékkel együtt.
- Most keverje hozzá az olajat, az aminosavakat/tamarit, a sót/borsot és a fűszereket, amíg teljesen össze nem keveredik. Igény szerint ízlés szerint igazítjuk.
- Formázzunk 6-8 húsgombócot, szorosan összecsomagolva a keveréket. Sütőpapíros tepsire tesszük.
- Süssük 15 percig, majd óvatosan fordítsuk meg, és süssük további 18-23 percig, amíg aranybarna és szilárd nem lesz. Nyugi Mr.

32. Lencse, pisztácia és shiitake húsgombóc

ÖSSZETEVŐK:
- 3 medvehagyma kockára vágva
- 2 teáskanál olívaolaj
- ½ csésze fekete lencse, leöblítve
- 6 szárított shiitake gomba sapka
- ½ csésze pisztácia
- ¼ csésze friss petrezselyem, apróra vágva
- ¼ csésze létfontosságú búzaglutén
- 1 evőkanál Ener-G, ⅛ csésze vízzel felverve
- 2 teáskanál szárított dörzsölt zsálya
- ½ teáskanál só
- ¼ teáskanál tört bors

UTASÍTÁS:
- A felkockázott medvehagymát az olajon lassú tűzön megdinszteljük. Félretesz, mellőz.
- Forraljon fel három csésze vizet.
- Adjuk hozzá a lencsét és a szárított shiitake sapkát, és helyezzük a fedőt az edényre, hogy a főzés során egy kis gőz távozhasson.
- 18-20 percig forraljuk, majd finom szűrőbe öntjük, hogy lecsepegjen és kihűljön.
- Távolítsa el a shiitake-et a lencséről, és vágja fel, dobja el a kemény szárakat.
- A pisztáciát aprítógépbe tesszük, és durvára daráljuk.
- Adja hozzá a medvehagymát, a lencsét, a kockára vágott shiitake sapkát, a pisztáciát és a petrezselymet egy tálba, és keverje jól össze.
- Adjuk hozzá a létfontosságú búzaglutént és keverjük össze.

- Adjuk hozzá a víz/Energ-G keveréket, és keverjük körülbelül két percig erős villával, hogy a glutén fejlődjön.
- Adjuk hozzá a zsályát, sózzuk, borsozzuk, és addig keverjük, amíg jól össze nem áll.
- A húsgombócok sütéséhez formáljunk belőle húsgombócot, enyhén nyomkodjuk össze a masszát formázás közben.
- Serpenyőben kevés olívaolajon mindkét oldalát 2-3 percig sütjük, vagy amíg kissé megpirul.

3.Magas fehérjetartalmú vegán húsgombóc

ÖSSZETEVŐK:

- 1 csésze texturált növényi fehérje
- ½ csésze főtt vörös bab
- 3 evőkanál olaj
- 1 evőkanál juharszirup
- 2 evőkanál paradicsompüré
- 1 evőkanál szójaszósz
- 1 evőkanál tápláló élesztő
- ½ teáskanál őrölt kömény
- ¼ teáskanál mindegyik: paprika őrölt chili por, fokhagyma por, hagymapor, oregánó
- ⅛ teáskanál folyékony füst
- ¼ csésze víz vagy céklalé
- ½ csésze létfontosságú búzaglutén

UTASÍTÁS:

- Forraljunk fel egy fazék vizet.
- Adjuk hozzá a texturált növényi fehérjét, és hagyjuk párolni 10-12 percig.
- Engedje le a TVP-t, és öblítse le néhányszor.
- Nyomja meg a TVP-t a kezével, hogy eltávolítsa a felesleges nedvességet.
- Egy konyhai robotgép táljába adjuk hozzá a főtt babot, az olajat, a juharszirupot, a paradicsompürét, a szójaszószt, az élesztőt, a fűszereket, a folyékony füstöt és a vizet.
- 20 másodpercig dolgozzuk le, kaparjuk le az oldalát, majd dolgozzuk újra, amíg pürét nem kapunk.
- Adja hozzá a rehidratált TVP-t, és dolgozza fel 7-10 másodpercig, vagy amíg a TVP jól fel nem vágódik.

- Öntse a keveréket egy keverőtálba, és adja hozzá a létfontosságú búzaglutént.
- Keverjük össze, majd kézzel gyúrjuk 2-3 percig, hogy kialakuljon a glutén.
- A masszát 3 részre osztjuk és húsgombócokat formálunk belőle.
- Óvatosan csavarja be az egyes húsgombócokat sütőpapírba, majd alufóliába.
- Tegye a becsomagolt húsgombócokat gyorsfőző edénybe, és süsse 1 és fél órán keresztül.
- Ha megsült, csomagolja ki a húsgombócokat, és hagyja hűlni 10 percig.
- Kevés olajon serpenyőben süssük aranybarnára a húsgombócokat mindkét oldalukon.
- A húsgombóc akár 4 napig is eláll a hűtőszekrényben.

34. Tofu golyó

ÖSSZETEVŐK:
- 6 csésze víz; forró
- 5 csésze tofu; összeomlott
- 1 csésze teljes kiőrlésű zsemlemorzsa
- ¼ csésze Tamari
- ¼ csésze tápláló élesztő
- ¼ csésze mogyoróvaj
- Tojáspótló 1 tojáshoz
- ½ csésze hagyma; finomra vágott
- 4 Gerezd fokhagyma; sajtolt
- 1 teáskanál kakukkfű
- 1 teáskanál bazsalikom
- ¼ teáskanál zellermag
- ¼ teáskanál szegfűszeg; talaj

UTASÍTÁS:
- Az összes morzsolt tofut 1 csésze kivételével a forrásban lévő vízbe dobjuk. Nyomja meg a tofut.
- Adjuk hozzá a többi hozzávalót a préselt tofuhoz és jól keverjük össze.
- Formálja a diónyi golyókat formázunk, és jól kiolajozott tepsire tesszük.
- Süssük 350 fokon 20-25 percig, vagy amíg a golyók szilárdak és barnák nem lesznek.
- Ha szükséges, sütés közben egyszer fordítsa meg őket.

35.Karfiol, bab és spenót húsgombóc

ÖSSZETEVŐK:

- 9 oz karfiol virágok, főzve
- 7 uncia fagyasztott apróra vágott spenót, kiolvasztva
- 400 g fekete bab konzerv lecsöpögtetve
- 2 gerezd fokhagyma, zúzott vagy reszelt
- 2 teáskanál szójaszósz
- 1 teáskanál kevert szárított fűszernövények

UTASÍTÁS:

- A karfiolvirágokat egy lábasban forrásban lévő vízben megfőzzük.
- A karfiolt egy tálba reszeljük, majd hozzáadjuk a spenótot, a babot, a fokhagymát, a szójaszószt és a kevert fűszernövényeket.
- A keveréket burgonyanyomóval összedolgozzuk, hogy durva masszát kapjunk.
- A zabot finom porrá turmixoljuk, majd hozzáadjuk a tálba, és összekeverjük.
- Forgassa a keveréket golyókká.
- A zöldséggolyókat adagonként aranybarnára sütjük.

36. Kemencében sült vegán húsgombóc

ÖSSZETEVŐK:

- 1 evőkanál őrölt lenmag
- ¼ csésze + 3 evőkanál zöldségleves
- 1 nagy hagyma, meghámozva és negyedekre vágva
- 2 gerezd fokhagyma, meghámozva
- 1½ növényi hús húsgombóc
- 1 csésze zsemlemorzsa
- ½ csésze vegán parmezán sajt
- 2 evőkanál friss petrezselyem, finomra vágva
- Só és bors, ízlés szerint
- Étkezési olaj spray

UTASÍTÁS:

- A hagymát és a fokhagymát aprítógépbe tesszük, és pürésítjük.
- Egy nagy keverőtálba adjunk hozzá lentojást, ¼ csésze zöldséglevest, pürésített hagymát és fokhagymát, Impossible húsgombócokat, növényi húst, zsemlemorzsát, vegán parmezán sajtot, petrezselymet, valamint egy csipet sót és borsot. Keverjük jól össze.
- A vegán húsgombóc keverékből 32 golyóba .
- Helyezze a vegán húsgombócokat a kibélelt tepsire, és süsse a sütőben körülbelül 10 percig, vagy amíg aranybarna nem lesz.

37. Gombás és kesudiós parmezán húsgombóc

ÖSSZETEVŐK:
- 1 evőkanál olívaolaj
- 1 font friss fehér gomba
- 1 csipet só
- 1 evőkanál vaj
- ½ csésze finomra vágott hagyma
- 4 gerezd fokhagyma, felaprítva
- ½ csésze gyorsan főző zab
- 1 uncia kesudió parmezán
- ½ csésze zsemlemorzsa
- ¼ csésze apróra vágott lapos petrezselyem
- 2 tojás, osztva
- 1 teáskanál sót
- frissen őrölt fekete bors ízlés szerint
- 1 csipet cayenne bors, vagy ízlés szerint
- 1 csipet szárított oregánó
- 3 csésze tésztaszósz
- 1 evőkanál kesudió parmezán
- 1 evőkanál apróra vágott lapos petrezselyem

UTASÍTÁS:
- Egy serpenyőben közepes-magas lángon hevítsünk olívaolajat.
- A forró olajhoz adjuk a gombát, megszórjuk sóval, és addig főzzük és kevergetjük, amíg a gombából a folyadék el nem párolog.
- Keverje hozzá a vajat a gombához, mérsékelje a hőt közepesre, és főzze és keverje a gombát aranybarnára, körülbelül 5 perc alatt.

38. Cremini és lencse húsgombóc

ÖSSZETEVŐK:

- 1 csésze szárított lencse
- ¼ csésze olívaolaj
- 1 hagyma, kb 1 csésze apróra vágva
- 8 oz Cremini gomba
- 3 gerezd fokhagyma, darálva
- 1½ csésze Panko zsemlemorzsa
- Csipetnyi olasz fűszerezés és cayenne
- 2½ teáskanál Só, osztva
- 2 tojás
- 1 csésze vegán parmezán sajt

UTASÍTÁS:

- Egy nagy tálban dobd össze a paradicsomfeleket 1 teáskanál olasz fűszerrel, 1 teáskanál sóval és ¼ csésze olívaolajjal.
- A gombát aprítógépben addig pörgetjük, amíg nagyjából borsó nagyságúak lesznek.
- Amikor az olaj felforrósodott, hozzáadjuk a hagymát, és körülbelül 3 percig pároljuk, amíg áttetsző nem lesz. Adjuk hozzá a fokhagymát és a gombát, és pirítsuk meg .
- Egy nagy tálban keverje össze a gombás lencse keveréket a panko zsemlemorzsával és a fűszerekkel.
- Formázz golyókat és süsd meg.

39.Citromos oregánó húsgombóc

ÖSSZETEVŐK:

- 1 evőkanál őrölt lenmag
- 1 evőkanál olívaolaj, plusz extra
- 1 kis sárga hagyma és 3 gerezd fokhagyma
- Csipetnyi oregánó, hagymapor, tamari
- ½ teáskanál őrölt chili
- tengeri só és őrölt fekete bors ízlés szerint
- 1½ evőkanál citromlé és héja
- 1 csésze fél dió
- ¾ csésze hengerelt zab
- 1½ csésze főtt fehér bab
- ¼ csésze friss petrezselyem és ¼ csésze friss kapor

UTASÍTÁS:

- Egy kis tálban keverjük össze a darált lenet és a vizet.
- A hagymát megdinszteljük, majd hozzáadjuk a fokhagymát és az oregánót.
- Adja hozzá az élesztőt, a chilit, a hagymaport, a sót és a borsot a serpenyőbe, és keverje körülbelül 30 másodpercig.
- Öntsük bele a citromlevet.
- Pörgessük fel a diót, a babot és a zabot, amíg durva ételt nem kapunk.
- Hozzáadjuk a lengéles keveréket, a pirított hagymás és fokhagymás keveréket, a tamarit, a citromhéjat, a petrezselymet, a kaprot és a nagy csipet sót és borsot.
- Golyóba forgatjuk és 25 percig sütjük a húsgombócokat
.

40. Riracha csicseriborsó húsgombóccal

ÖSSZETEVŐK:

- 1 evőkanál lenmagliszt
- 14 uncia konzerv csicseriborsó, lecsepegtetve és leöblítve
- 1 ½ csésze főtt farro
- ¼ csésze régimódi zab
- 2 gerezd fokhagyma, préselve
- 1 teáskanál finomra reszelt gyömbérgyökér
- ½ teáskanál só
- 1 evőkanál forró chilis szezámolaj
- 1 evőkanál sriracha

UTASÍTÁS:

- Melegítse elő a sütőt 400 Fahrenheit fokra. Egy tepsit kibélelünk alufóliával, és félretesszük.
- Keverje össze a lenmaglisztet 3 evőkanál vízzel; Skorpió.
- Tedd félre 5 percre pihenni.
- Helyezze a csicseriborsót, a farrot, a zabot, a fokhagymát, a gyömbért, a sót, a szezámolajat és a srirachát egy nagy konyhai robotgép vagy turmixgép táljába.
- Öntsük hozzá a maradék lentojást, és addig pörköljük, amíg a hozzávalók össze nem keverednek.
- Forgasd a keverékből egy evőkanálnyi golyókat és süsd meg.

41. Vegán gombás húsgombóc

ÖSSZETEVŐK:

- 1 evőkanál őrölt lenmag
- 3 evőkanál vizet
- 4 uncia baba Bella gomba
- ½ csésze kockára vágott hagyma
- 1 evőkanál olívaolaj osztva
- ¼ teáskanál só
- 1 evőkanál szójaszósz
- 1 evőkanál olasz fűszer
- 1 uncia konzerv csicseriborsó lecsepegtetve
- 1 csésze sima zsemlemorzsa
- 1 evőkanál tápláló élesztő

UTASÍTÁS:

- A gombát apróra vágjuk, a hagymát felkockázzuk.
- Egy közepes serpenyőben hevíts fel 1 evőkanál olívaolajat közepesen magas lángon.
- Adjuk hozzá a gombát és a hagymát, és szórjuk meg ¼ teáskanál sóval.
- Pároljuk 5 percig, vagy amíg a gomba megpuhul.
- Adjuk hozzá a szójaszószt és az olasz fűszereket, és főzzük még egy percig.
- Keverje össze a csicseriborsót, a lentojást, a zsemlemorzsát, az élesztőt, valamint a pirított hagymát és a gombát egy konyhai robotgépben, normál pengetartozékkal.
- Impulzus, amíg többnyire meg nem törik. Néhány apró csicseriborsó- vagy gombadarabnak még meg kell maradnia.
- Tiszta kézzel forgassa a húsgombóc keveréket 12 nagyjából ping-pong méretű golyóvá.
- 30 percig sütjük 350 fokos sütőben .

42. Spagetti zöldséggel és húsgombóccal

ÖSSZETEVŐK:

- 3 Hagyma
- ½ font Gomba, szeletelve
- 4 evőkanál Olívaolaj
- 1 doboz paradicsom
- 1 doboz Paradicsompüré
- 1 Zellerszár apróra vágva
- 3 Sárgarépa reszelve
- 6 evőkanál Vaj
- 3 Felvert tojás
- 1½ csésze Matzo étkezés
- 2 csésze főtt zöldborsó
- 1 teáskanál Só
- ¼ teáskanál bors
- 1 font Spagetti, főtt
- Reszelt vegán sajt

UTASÍTÁS:

- A felkockázott hagymát és a gombát az olajon 10 percig pirítjuk.
- Adjuk hozzá a paradicsomot, a paradicsompürét és az oregánót.
- Fedjük le, és lassú tűzön főzzük 1 órán át. Helyes fűszerezés.
- Az apróra vágott hagymát, zellert és sárgarépát a vaj felén 15 percig főzzük. Menő.
- Adjuk hozzá a tojást, 1 csésze maceszlisztet, a borsót, sózzuk és borsozzuk.
- Forgasd kis golyókat, és mártsd bele a maradék maceszba.

☑

43. Tempeh és hagymás húsgombóc

ÖSSZETEVŐK:
HÚSGOMBÓC
- ½ kis vöröshagyma, apróra vágva
- 8 uncia tempeh, apróra vágva
- 3 gerezd fokhagyma, felaprítva
- 1 evőkanál olaj, osztva
- 3 evőkanál sima, cukrozatlan vegán joghurt
- ½ csésze zsemlemorzsa
- 1 teáskanál finom tengeri só

TADOORI FŰSZERKEVERÉK:
- 1½ teáskanál paprika
- ½ teáskanál koriander
- ½ teáskanál gyömbér
- ¼ teáskanál kömény
- ¼ teáskanál kardamom
- ¼ teáskanál kurkuma
- ¼ teáskanál garam masala
- ¼ teáskanál cayenne

UTASÍTÁS:
- Melegítsük elő a sütőt 190 C-ra, és béleljünk ki egy tepsit sütőpapírral.
- Egy kis tálban keverjük össze a fűszerkeveréket alkotó 8 hozzávalót. Félretesz, mellőz.
- Melegíts elő egy nagy serpenyőt közepes lángon.
- Adjunk hozzá 1 teáskanál olajat, és főzzük a hagymát és a tempeh-et 5-7 percig, vagy amíg a tempeh aranybarna nem lesz.
- Csúsztassa a tempeh-ot és a hagymát a serpenyő egyik oldalára, és adjon hozzá a maradék 2 teáskanál olajat a serpenyő másik oldalához.

- Adja hozzá a fokhagymát és a fűszerkeveréket közvetlenül az olajhoz.
- Keverjük össze, majd keverjük össze a tempeh-vel és a hagymával.
- Gyakran kevergetve főzzük 1 percig, majd vegyük le a tűzről.
- Tegye át a tempeh keveréket egy konyhai robotgépbe.
- Pulzáljon 5-6-szor, vagy amíg nagyrészt apróra vágott és egységes nem lesz.
- Hozzáadjuk a zsemlemorzsát, a sót és a joghurtot, és jól összedolgozzuk.
- A húsgombócok adagolásához kanalat vagy kis süteménykanalat használjunk.
- A tenyerek között megforgatjuk, és bélelt tepsire tesszük.
- 25-28 percig sütjük, félúton megfordítva.

4.Lencse és gombás fasírt

ÖSSZETEVŐK:

- 1 csésze főtt lencse
- 1 csésze gomba, apróra vágva
- 1/2 csésze zsemlemorzsa
- 1/4 csésze reszelt parmezán sajt
- 1 kis hagyma, apróra vágva
- 2 gerezd fokhagyma, felaprítva
- 1 evőkanál apróra vágott friss petrezselyem
- 1 teáskanál szárított oregánó
- Só és bors ízlés szerint
- 1 tojás, felvert

UTASÍTÁS:

- Egy nagy tálban keverje össze az összes hozzávalót, és jól keverje össze.
- A keverékből kis húsgombócokat formázunk.
- Egy serpenyőben közepes lángon hevíts fel kevés olajat.
- Főzzük a húsgombócokat barnára és főzzük, körülbelül 10-12 perc alatt.
- Tálaljuk kedvenc szósszal vagy tésztával.

45.Édes burgonya és fekete bab húsgombóc

ÖSSZETEVŐK:

2 csésze édesburgonyapüré
1 csésze főtt feketebab, lecsepegtetve és leöblítve
1/2 csésze zsemlemorzsa
1/4 csésze apróra vágott zöldhagyma
2 gerezd fokhagyma, felaprítva
1 teáskanál őrölt kömény
1/2 teáskanál füstölt paprika
Só és bors ízlés szerint
1 tojás, felvert

UTASÍTÁS:

Egy nagy tálban keverje össze az összes hozzávalót, és jól keverje össze.

A keverékből fasírtokat formázunk, és sütőpapíros tepsire tesszük.

Előmelegített sütőben 190°C-ra sütjük 20-25 percig, vagy amíg meg nem pirul és ropogós nem lesz.

Sült zöldségfélék mellé vagy szendvicsbe tálaljuk.

46. Karfiol és csicseriborsó húsgombóc

ÖSSZETEVŐK:

2 csésze karfiol rózsa párolva és apróra vágva
1 csésze főtt csicseriborsó, pépesítve
1/2 csésze zsemlemorzsa
1/4 csésze reszelt parmezán sajt
1 kis hagyma, apróra vágva
2 gerezd fokhagyma, felaprítva
1 evőkanál apróra vágott friss koriander
1 teáskanál őrölt kömény
Só és bors ízlés szerint
1 tojás, felvert

UTASÍTÁS:

Egy nagy tálban keverje össze az összes hozzávalót, és jól keverje össze.

A masszából fasírtokat formázunk, és kivajazott tepsire tesszük.

190°C-ra előmelegített sütőben 20-25 percig sütjük, vagy amíg aranybarna nem lesz.

Tálaljuk kedvenc szósszal, vagy saláták öntveteként.

7. Cukkini és quinoa húsgombóc

ÖSSZETEVŐK:

2 csésze reszelt cukkini
1 csésze főtt quinoa
1/2 csésze zsemlemorzsa
1/4 csésze reszelt parmezán sajt
1 kis hagyma, apróra vágva
2 gerezd fokhagyma, felaprítva
1 evőkanál apróra vágott friss bazsalikom
1 teáskanál szárított oregánó
Só és bors ízlés szerint
1 tojás, felvert

UTASÍTÁS:

Tegye a reszelt cukkinit egy tiszta konyharuhába, és csavarja ki belőle a felesleges nedvességet.

Egy nagy tálban keverjük össze a cukkinit, a quinoát, a zsemlemorzsát, a parmezán sajtot, a hagymát, a fokhagymát, a bazsalikomot, az oregánót, a sót, a borsot és a tojást. Jól összekeverni.

A keverékből fasírtokat formázunk, és sütőpapíros tepsire tesszük.

190°C-ra előmelegített sütőben 20-25 percig sütjük, vagy amíg aranybarna nem lesz.

Tálaljuk marinara szósszal, vagy szendvicsben tálaljuk.

48. Spenót és feta húsgombóc

ÖSSZETEVŐK:

2 csésze apróra vágott spenót, megfőzve és lecsepegtetve
1 csésze morzsolt feta sajt
1/2 csésze zsemlemorzsa
1/4 csésze apróra vágott friss kapor
2 gerezd fokhagyma, felaprítva
1 kis hagyma, apróra vágva
1/4 teáskanál szerecsendió
Só és bors ízlés szerint
1 tojás, felvert

UTASÍTÁS:

Egy nagy tálban keverje össze az összes hozzávalót, és jól keverje össze.

A keverékből fasírtokat formázunk, és sütőpapíros tepsire tesszük.

190°C-ra előmelegített sütőben 20-25 percig sütjük, vagy amíg aranybarna nem lesz.

Tzatziki szósszal és pita kenyérrel tálaljuk.

49. Brokkoli és cheddar húsgombóc

ÖSSZETEVŐK:

2 csésze apróra vágott brokkoli rózsa, párolva és lecsepegtetve
1 csésze reszelt cheddar sajt
1/2 csésze zsemlemorzsa
1/4 csésze reszelt parmezán sajt
1 kis hagyma, apróra vágva
2 gerezd fokhagyma, felaprítva
1 evőkanál apróra vágott friss petrezselyem
Só és bors ízlés szerint
1 tojás, felvert

UTASÍTÁS:

Egy nagy tálban keverje össze az összes hozzávalót, és jól keverje össze.

A keverékből fasírtokat formázunk, és sütőpapíros tepsire tesszük.

190°C-ra előmelegített sütőben 20-25 percig sütjük, vagy amíg aranybarna nem lesz.

Marinara szósszal vagy köretként tálaljuk.

Sárgarépa és csicseriborsó húsgombóc

ÖSSZETEVŐK:

2 csésze reszelt sárgarépa
1 csésze főtt csicseriborsó, pépesítve
1/2 csésze zsemlemorzsa
1/4 csésze apróra vágott friss petrezselyem
2 gerezd fokhagyma, felaprítva
1 kis hagyma, apróra vágva
1 teáskanál őrölt kömény
1/2 teáskanál őrölt koriander
Só és bors ízlés szerint
1 tojás, felvert

UTASÍTÁS:

Egy nagy tálban keverje össze az összes hozzávalót, és jól keverje össze.

A masszából fasírtokat formázunk, és kivajazott tepsire tesszük.

Előmelegített sütőben 190°C-ra sütjük 20-25 percig, vagy amíg meg nem pirul és ropogós nem lesz.

Joghurtos mártogatós szósszal vagy kuszkusz fölött tálaljuk.

51. Gombás és diós fasírt

ÖSSZETEVŐK:

2 csésze gomba, apróra vágva
1 csésze dió, apróra vágva
1/2 csésze zsemlemorzsa
1/4 csésze reszelt parmezán sajt
1 kis hagyma, apróra vágva
2 gerezd fokhagyma, felaprítva
1 evőkanál apróra vágott friss kakukkfű
Só és bors ízlés szerint
1 tojás, felvert

UTASÍTÁS:

Egy nagy tálban keverje össze az összes hozzávalót, és jól keverje össze.

A keverékből fasírtokat formázunk, és sütőpapíros tepsire tesszük.

190°C-ra előmelegített sütőben 20-25 percig sütjük, vagy amíg aranybarna nem lesz.

Krémes gombamártással vagy tészta fölé tálaljuk.

52. Cékla és quinoa húsgombóc

ÖSSZETEVŐK:

2 csésze reszelt cékla
1 csésze főtt quinoa
1/2 csésze zsemlemorzsa
1/4 csésze apróra vágott friss petrezselyem
2 gerezd fokhagyma, felaprítva
1 kis hagyma, apróra vágva
1 teáskanál őrölt kömény
Só és bors ízlés szerint
1 tojás, felvert

UTASÍTÁS:

Egy nagy tálban keverje össze az összes hozzávalót, és jól keverje össze.

A keverékből fasírtokat formázunk, és sütőpapíros tepsire tesszük.

Előmelegített sütőben 190°C-ra sütjük 20-25 percig, vagy amíg meg nem pirul és ropogós nem lesz.

Tálaljuk csípős joghurtos szósszal vagy salátában.

3.Quinoa és kukorica húsgombóc

ÖSSZETEVŐK:

2 csésze főtt quinoa
1 csésze kukoricaszem
1/2 csésze zsemlemorzsa
1/4 csésze reszelt parmezán sajt
1 kis hagyma, apróra vágva
2 gerezd fokhagyma, felaprítva
1 evőkanál apróra vágott friss koriander
1 teáskanál őrölt kömény
Só és bors ízlés szerint
1 tojás, felvert

UTASÍTÁS:

Egy nagy tálban keverje össze az összes hozzávalót, és jól keverje össze.

A masszából fasírtokat formázunk, és kivajazott tepsire tesszük.

190°C-ra előmelegített sütőben 20-25 percig sütjük, vagy amíg aranybarna nem lesz.

Tálaljuk salsával vagy tacos töltelékként.

54. Padlizsán és csicseriborsó húsgombóc

ÖSSZETEVŐK:

2 csésze főtt padlizsán, pépesítve
1 csésze főtt csicseriborsó, pépesítve
1/2 csésze zsemlemorzsa
1/4 csésze reszelt parmezán sajt
1 kis hagyma, apróra vágva
2 gerezd fokhagyma, felaprítva
1 evőkanál apróra vágott friss bazsalikom
1 teáskanál szárított oregánó
Só és bors ízlés szerint
1 tojás, felvert

UTASÍTÁS:

Egy nagy tálban keverje össze az összes hozzávalót, és jól keverje össze.

A keverékből fasírtokat formázunk, és sütőpapíros tepsire tesszük.

Előmelegített sütőben 190°C-ra sütjük 20-25 percig, vagy amíg meg nem pirul és ropogós nem lesz.

Marinara szósszal és spagettivel tálaljuk.

55. Burgonya és borsó húsgombóc

ÖSSZETEVŐK:

2 csésze burgonyapüré
1 csésze főtt borsó
1/2 csésze zsemlemorzsa
1/4 csésze reszelt parmezán sajt
1 kis hagyma, apróra vágva
2 gerezd fokhagyma, felaprítva
1 evőkanál apróra vágott friss menta
Só és bors ízlés szerint
1 tojás, felvert

UTASÍTÁS:

Egy nagy tálban keverje össze az összes hozzávalót, és jól keverje össze.

A masszából fasírtokat formázunk, és kivajazott tepsire tesszük.

190°C-ra előmelegített sütőben 20-25 percig sütjük, vagy amíg aranybarna nem lesz.

Tálaljuk mentás joghurtos szósszal vagy köretként.

6. Kukorica és pirospaprika húsgombóc

ÖSSZETEVŐK:

2 csésze kukoricaszem
1 csésze pirított pirospaprika, apróra vágva
1/2 csésze zsemlemorzsa
1/4 csésze apróra vágott friss koriander
2 gerezd fokhagyma, felaprítva
1 kis hagyma, apróra vágva
1 teáskanál őrölt kömény
1/2 teáskanál füstölt paprika
Só és bors ízlés szerint
1 tojás, felvert

UTASÍTÁS:

Egy nagy tálban keverje össze az összes hozzávalót, és jól keverje össze.

A keverékből fasírtokat formázunk, és sütőpapíros tepsire tesszük.

190°C-ra előmelegített sütőben 20-25 percig sütjük, vagy amíg aranybarna nem lesz.

Chiotle majonézes mártogatós szósszal vagy csomagolásban tálaljuk.

57. Butternut squash és zsályás húsgombóc

ÖSSZETEVŐK:

2 csésze főtt vajtök, pépesítve
1 csésze zsemlemorzsa
1/4 csésze reszelt parmezán sajt
1 kis hagyma, apróra vágva
2 gerezd fokhagyma, felaprítva
1 evőkanál apróra vágott friss zsálya
Só és bors ízlés szerint
1 tojás, felvert

UTASÍTÁS:

Egy nagy tálban keverje össze az összes hozzávalót, és jól keverje össze.

A masszából fasírtokat formázunk, és kivajazott tepsire tesszük.

Előmelegített sütőben 190°C-ra sütjük 20-25 percig, vagy amíg meg nem pirul és ropogós nem lesz.

Tálaljuk krémes Alfredo szósszal vagy köretként.

58. Kelkáposzta és fehérbab húsgombóc

ÖSSZETEVŐK:

2 csésze apróra vágott kelkáposzta, blansírozzuk és leszűrjük
1 csésze főtt fehér bab, pépesítve
1/2 csésze zsemlemorzsa
1/4 csésze apróra vágott friss petrezselyem
2 gerezd fokhagyma, felaprítva
1 kis hagyma, apróra vágva
1 teáskanál szárított oregánó
Só és bors ízlés szerint
1 tojás, felvert

UTASÍTÁS:

Egy nagy tálban keverje össze az összes hozzávalót, és jól keverje össze.
A keverékből fasírtokat formázunk, és sütőpapíros tepsire tesszük.
190°C-ra előmelegített sütőben 20-25 percig sütjük, vagy amíg aranybarna nem lesz.
Marinara szósszal vagy csomagolásban tálaljuk.

9.Quinoa és spenót húsgombóc

ÖSSZETEVŐK:

2 csésze főtt quinoa
1 csésze apróra vágott spenót
1/2 csésze zsemlemorzsa
1/4 csésze reszelt parmezán sajt
1 kis hagyma, apróra vágva
2 gerezd fokhagyma, felaprítva
1 evőkanál apróra vágott friss bazsalikom
Só és bors ízlés szerint
1 tojás, felvert

UTASÍTÁS:

Egy nagy tálban keverje össze az összes hozzávalót, és jól keverje össze.

A masszából fasírtokat formázunk, és kivajazott tepsire tesszük.

190°C-ra előmelegített sütőben 20-25 percig sütjük, vagy amíg aranybarna nem lesz.

Marinara szósszal vagy spagettiágyon tálaljuk.

0. Karfiol és quinoa húsgombóc

ÖSSZETEVŐK:

2 csésze finomra vágott karfiol rózsa, megpároljuk és lecsepegtetjük
1 csésze főtt quinoa
1/2 csésze zsemlemorzsa
1/4 csésze reszelt parmezán sajt
1 kis hagyma, apróra vágva
2 gerezd fokhagyma, felaprítva
1 evőkanál apróra vágott friss petrezselyem
Só és bors ízlés szerint
1 tojás, felvert

UTASÍTÁS:

Egy nagy tálban keverje össze az összes hozzávalót, és jól keverje össze.

A masszából fasírtokat formázunk, és kivajazott tepsire tesszük.

190°C-ra előmelegített sütőben 20-25 percig sütjük, vagy amíg aranybarna nem lesz.

Tálaljuk kedvenc szósszal vagy vegetáriánus szendvics töltelékként.

61. Csicseriborsó és spenótos húsgombóc

ÖSSZETEVŐK:

2 csésze főtt csicseriborsó, pépesítve
1 csésze apróra vágott spenót
1/2 csésze zsemlemorzsa
1/4 csésze reszelt parmezán sajt
1 kis hagyma, apróra vágva
2 gerezd fokhagyma, felaprítva
1 evőkanál apróra vágott friss koriander
1 teáskanál őrölt kömény
Só és bors ízlés szerint
1 tojás, felvert

UTASÍTÁS:

Egy nagy tálban keverje össze az összes hozzávalót, és jól keverje össze.

A masszából fasírtokat formázunk, és kivajazott tepsire tesszük.

Előmelegített sütőben 190°C-ra sütjük 20-25 percig, vagy amíg meg nem pirul és ropogós nem lesz.

Joghurt alapú szósszal vagy pita zsebben tálaljuk.

2. Édes burgonya és csicseriborsó húsgombóc

ÖSSZETEVŐK:

2 csésze édesburgonyapüré
1 csésze főtt csicseriborsó, pépesítve
1/2 csésze zsemlemorzsa
1/4 csésze apróra vágott friss koriander
2 gerezd fokhagyma, felaprítva
1 kis hagyma, apróra vágva
1 teáskanál őrölt kömény
1/2 teáskanál füstölt paprika
Só és bors ízlés szerint
1 tojás, felvert

UTASÍTÁS:

Egy nagy tálban keverje össze az összes hozzávalót, és jól keverje össze.

A keverékből fasírtokat formázunk, és sütőpapíros tepsire tesszük.

190°C-ra előmelegített sütőben 20-25 percig sütjük, vagy amíg aranybarna nem lesz.

Fűszeres mártogatós szósszal vagy friss zöldségekkel csomagolva tálaljuk.

63.Gombás és lencsés húsgombóc

ÖSSZETEVŐK:

2 csésze finomra vágott gomba
1 csésze főtt lencse
1/2 csésze zsemlemorzsa
1/4 csésze reszelt parmezán sajt
1 kis hagyma, apróra vágva
2 gerezd fokhagyma, felaprítva
1 evőkanál apróra vágott friss kakukkfű
Só és bors ízlés szerint
1 tojás, felvert

UTASÍTÁS:

Egy nagy tálban keverje össze az összes hozzávalót, és jól keverje össze.

A keverékből fasírtokat formázunk, és sütőpapíros tepsire tesszük.

Előmelegített sütőben 190°C-on süssük 20-25 percig, vagy amíg meg nem pirulnak és átsülnek.

Krémes gombamártással vagy köretként tálaljuk.

64. Sárgarépa és cukkini húsgombóc

ÖSSZETEVŐK:

1 csésze reszelt sárgarépa
1 csésze reszelt cukkini
1/2 csésze zsemlemorzsa
1/4 csésze reszelt parmezán sajt
1 kis hagyma, apróra vágva
2 gerezd fokhagyma, felaprítva
1 evőkanál apróra vágott friss petrezselyem
Só és bors ízlés szerint
1 tojás, felvert

UTASÍTÁS:

Egy nagy tálban keverje össze az összes hozzávalót, és jól keverje össze.

A keverékből fasírtokat formázunk, és sütőpapíros tepsire tesszük.

190°C-ra előmelegített sütőben 20-25 percig sütjük, vagy amíg aranybarna nem lesz.

Marinara szósszal vagy zöldséges rántással tálaljuk.

5.Quinoa és gombás húsgombóc

ÖSSZETEVŐK:

2 csésze főtt quinoa
1 csésze finomra vágott gomba
1/2 csésze zsemlemorzsa
1/4 csésze reszelt parmezán sajt
1 kis hagyma, apróra vágva
2 gerezd fokhagyma, felaprítva
1 evőkanál apróra vágott friss rozmaring
Só és bors ízlés szerint
1 tojás, felvert

UTASÍTÁS:

Egy nagy tálban keverje össze az összes hozzávalót, és jól keverje össze.

A keverékből fasírtokat formázunk, és sütőpapíros tepsire tesszük.

Előmelegített sütőben 190°C-ra sütjük 20-25 percig, vagy amíg meg nem pirul és ropogós nem lesz.

Tálaljuk gombás mártással vagy quinoa tálak feltéteként.

6. Fekete bab és kukorica húsgombóc

ÖSSZETEVŐK:

1 csésze főtt feketebab, pépesítve
1 csésze kukoricaszem
1/2 csésze zsemlemorzsa
1/4 csésze apróra vágott friss koriander
1 kis hagyma, apróra vágva
2 gerezd fokhagyma, felaprítva
1 teáskanál őrölt kömény
1/2 teáskanál chili por
Só és bors ízlés szerint
1 tojás, felvert

UTASÍTÁS:

Egy nagy tálban keverje össze az összes hozzávalót, és jól keverje össze.

A keverékből fasírtokat formázunk, és sütőpapíros tepsire tesszük.

190°C-ra előmelegített sütőben 20-25 percig sütjük, vagy amíg aranybarna nem lesz.

Tálaljuk csípős avokádó salsával vagy egy mexikói ihletésű gabonatálban.

7. Brokkoli és cheddar sajtos húsgombóc

ÖSSZETEVŐK:

2 csésze apróra vágott brokkoli rózsa, párolva és lecsepegtetve
1 csésze reszelt cheddar sajt
1/2 csésze zsemlemorzsa
1/4 csésze reszelt parmezán sajt
1 kis hagyma, apróra vágva
2 gerezd fokhagyma, felaprítva
1 evőkanál apróra vágott friss petrezselyem
Só és bors ízlés szerint
1 tojás, felvert

UTASÍTÁS:

Egy nagy tálban keverje össze az összes hozzávalót, és jól keverje össze.

A keverékből fasírtokat formázunk, és sütőpapíros tepsire tesszük.

190°C-ra előmelegített sütőben 20-25 percig sütjük, vagy amíg aranybarna nem lesz.

Marinara szósszal vagy köretként tálaljuk.

8.Karfiol és sajtos húsgombóc

ÖSSZETEVŐK:

2 csésze finomra vágott karfiol rózsa, megpároljuk és lecsepegtetjük
1 csésze zsemlemorzsa
1/2 csésze reszelt parmezán sajt
1 kis hagyma, apróra vágva
2 gerezd fokhagyma, felaprítva
1 evőkanál apróra vágott friss kakukkfű
Só és bors ízlés szerint
1 tojás, felvert

UTASÍTÁS:

Egy nagy tálban keverje össze az összes hozzávalót, és jól keverje össze.

A keverékből fasírtokat formázunk, és sütőpapíros tepsire tesszük.

190°C-ra előmelegített sütőben 20-25 percig sütjük, vagy amíg aranybarna nem lesz.

Tálaljuk tejszínes sajtmártással vagy vegetáriánus előételként.

69.Gombás és diós fasírt rozmaringgal

ÖSSZETEVŐK:

2 csésze finomra vágott gomba
1 csésze dió, apróra vágva
1/2 csésze zsemlemorzsa
1/4 csésze reszelt parmezán sajt
1 kis hagyma, apróra vágva
2 gerezd fokhagyma, felaprítva
1 evőkanál apróra vágott friss rozmaring
Só és bors ízlés szerint
1 tojás, felvert

UTASÍTÁS:

Egy nagy tálban keverje össze az összes hozzávalót, és jól keverje össze.

A keverékből fasírtokat formázunk, és sütőpapíros tepsire tesszük.

190°C-ra előmelegített sütőben 20-25 percig sütjük, vagy amíg aranybarna nem lesz.

Tálaljuk tejszínes gombamártással vagy köretként sült zöldségekkel.

ZÖLDSÉGI POGÁCSOK

70. Red Beet Burgerek rukkolával

ÖSSZETEVŐK:

- 15 uncia Light Red Kidney Beans lehet
- 2 ½ evőkanál extra szűz olívaolaj
- 2 ½ *uncia* Cremini gomba
- 1 vöröshagyma
- ½ csésze főtt barna rizs
- ¾ csésze cékla nyers
- 1/3 csésze kendermag
- 1 teáskanál őrölt fekete bors
- ½ teáskanál tengeri só
- ½ teáskanál őrölt koriandermag
- ½ teáskanál Worcestershire szósz
- 1 vegán tojáspótló
- 4 csésze Organic Baby Rukkola
- 2 teáskanál fehér balzsamecet

UTASÍTÁS:

- Melegítse elő a sütőt 375 °F-ra. A babot egy keverőtálban jól pépesítjük, majd félretesszük.
- Hevíts fel 1 evőkanál olajat egy tapadásmentes serpenyőben közepesen.
- Adjuk hozzá a gombát és a hagyma háromnegyedét, és pároljuk, amíg megpuhul, körülbelül 8 percig.
- Tegye át a zöldségkeveréket a babbal együtt a keverőedénybe. Keverje össze a rizst, a céklát, a kendermagot, a borsot, a sót, a koriandert és a Worcestershire szószt.
- Adjuk hozzá a vegán tojáspótlót, és keverjük jól össze.
- Formázz a masszából négy golyót, és tedd egy fehérítetlen sütőpapírral bélelt tepsire. Ujjbeggyel verd négy pogácsára.

- Enyhén kenje meg a pogácsák tetejét ½ evőkanál olajjal az ujjbegyével.
- 1 órán át sütjük. Óvatosan fordítsa meg az egyes hamburgereket, és süsse ropogósra, keményre és barnára, még körülbelül 20 percig.
- Hagyja állni legalább 5 percig, hogy befejezze a főzési folyamatot.
- Dobd fel a rukkolát az ecettel és a maradék 1 evőkanál olajjal, és helyezd el minden burger tetején.
- Megszórjuk a maradék hagymával, és tálaljuk.

71.Pekándió-lencse pogácsák

ÖSSZETEVŐK:
- 11/2 csésze főtt barna lencse
- 1/2 csésze őrölt pekándió
- 1/2 csésze régimódi zab
- 1/4 csésze száraz fűszerezetlen panko
- 1/4 csésze búzaguténliszt
- 1/2 csésze darált hagyma
- 1/4 csésze darált friss petrezselyem
- 1 teáskanál dijoni mustár
- 1/2 teáskanál só
- 1/8 teáskanál frissen őrölt bors
- 2 evőkanál olívaolaj
- Salátalevél, szeletelt paradicsom, szeletelt lilahagyma és ízlés szerinti fűszerek

UTASÍTÁS:
- Egy robotgépben keverje össze a lencsét, a pekándiót, a zabot, a pankot, a lisztet, a hagymát, a petrezselymet, a mustárt, a sót és a borsot.
- Impulzus kombinálható, hagyva némi textúrát.
- Formázzunk a lencse keverékből 4-6 hamburgert.
- Egy serpenyőben az olajat túlmelegítjük.
- Hozzáadjuk a hamburgert, és oldalanként körülbelül 5 perc alatt aranybarnára sütjük.
- A hamburgereket salátával, paradicsomszeletekkel, hagymával és tetszés szerinti fűszerekkel tálaljuk.

2. Black Bean Burgerek

ÖSSZETEVŐK:

- 3 evőkanál olívaolaj
- 1/2 csésze darált hagyma
- 1 gerezd fokhagyma, felaprítva
- 11/2 csésze fekete bab
- 1 evőkanál darált friss petrezselyem
- 1/2 csésze száraz fűszerezetlen panko
- 1/4 csésze búzagluténliszt
- 1 teáskanál füstölt paprika
- 1/2 teáskanál szárított kakukkfű
- Só és frissen őrölt fekete bors
- 4 salátalevél
- 1 érett paradicsom 1/4 hüvelykes szeletekre vágva

UTASÍTÁS:

- Egy serpenyőben felforrósítunk 1 evőkanál olajat, és túlmelegítjük. Adjuk hozzá a hagymát és a fokhagymát, és főzzük, amíg megpuhul, körülbelül 5 percig.
- Tegye át a hagymás keveréket egy konyhai robotgépbe. Adjuk hozzá a babot, a petrezselymet, a pankot, a lisztet, a paprikát, a kakukkfüvet, és ízlés szerint sózzuk, borsozzuk. Addig dolgozzuk, amíg jól össze nem áll, hagyva némi textúrát. A keverékből 4 egyenlő pogácsát formázunk, és 20 percre hűtőbe tesszük.
- Egy serpenyőben a maradék 2 evőkanál olajat túlmelegítjük. Hozzáadjuk a hamburgert, és mindkét oldalukon barnulásig sütjük, egyszer megfordítva, oldalanként körülbelül 5 percig.
- A hamburgereket salátával és paradicsomszeletekkel tálaljuk.

3.Zab- és zöldségpogácsa

ÖSSZETEVŐK:

- 2 evőkanál plusz 1 teáskanál olívaolaj
- 1 hagyma, apróra vágva
- 1 sárgarépa, lereszelve
- 1 csésze sózatlan vegyes dió
- 1/4 csésze búzagluténliszt
- 1/2 csésze régimódi zab, plusz még több, ha szükséges
- 2 evőkanál krémes mogyoróvaj
- 2 evőkanál darált friss petrezselyem
- 1/2 teáskanál só
- 1/4 teáskanál frissen őrölt fekete bors
- 4 salátalevél
- 1 érett paradicsom 1/4 hüvelykes szeletekre vágva

UTASÍTÁS:

- Egy serpenyőben hevíts fel 1 teáskanálnyi olajat. Adjuk hozzá a hagymát, és főzzük puhára, körülbelül 5 percig. Keverje hozzá a sárgarépát, és tegye félre.
- Egy konyhai robotgépben pörgesse fel a diót, amíg fel nem vágják.
- Adjuk hozzá a hagymás-sárgarépa keveréket a liszttel, zabbal, mogyoróvajjal, petrezselyemmel, sóval és borssal. Addig dolgozzuk, amíg jól el nem keveredik.
- Formázz a keverékből 4 egyenlő, körülbelül 4 hüvelyk átmérőjű pogácsát.
- Egy serpenyőben hevítsük fel a maradék 2 evőkanál olajat, adjuk hozzá a hamburgert, és süssük mindkét oldalukon barnulásig, oldalanként körülbelül 5 percig.
- A hamburgereket salátával és paradicsomszeletekkel tálaljuk.

4. Fehér bab és dió pogácsák

ÖSSZETEVŐK:

- 1/4 csésze kockára vágott hagyma
- 1 gerezd fokhagyma, összetörve
- 1 csésze diódarabok
- 1 csésze konzerv vagy főtt fehér bab
- 1 csésze búzagluténliszt
- 2 evőkanál darált friss petrezselyem
- 1 evőkanál szójaszósz
- 1 teáskanál dijoni mustár, plusz még több a tálaláshoz
- 1/2 teáskanál só
- 1/2 teáskanál őrölt zsálya
- 1/2 teáskanál édes paprika
- 1/4 teáskanál kurkuma
- 1/4 teáskanál frissen őrölt fekete bors
- 2 evőkanál olívaolaj
- Saláta levelek és szeletelt paradicsom

UTASÍTÁS:

- Egy robotgépben keverjük össze a hagymát, a fokhagymát és a diót, és dolgozzuk finomra.
- Főzzük a babot egy serpenyőben, keverés közben 1-2 percig, hogy a nedvesség elpárologjon.
- Adja hozzá a babot a robotgépbe a liszttel, petrezselyemmel, szójaszósszal, mustárral, sóval, zsályával, paprikával, kurkumával és borssal együtt.
- Addig dolgozzuk, amíg jól el nem keveredik. A keverékből 4 egyenlő pogácsát formázunk.
- Egy serpenyőben az olajat túlmelegítjük.
- Hozzáadjuk a pogácsákat, és mindkét oldalukon barnulásig sütjük, oldalanként körülbelül 5 percig.

- Salátával és szeletelt paradicsommal tálaljuk.

75. Garbanzo babburgerek

ÖSSZETEVŐK:

- 2 csésze pépesített garbanzo bab
- 1 db szárzeller, finomra vágva
- 1 db sárgarépa, apróra vágva
- $\frac{1}{4}$ Hagyma, darált
- $\frac{1}{4}$ csésze teljes kiőrlésű liszt
- Só és bors ízlés szerint
- 2 teáskanál Olaj

UTASÍTÁS:

- A hozzávalókat (az olaj kivételével) egy tálban összekeverjük. Formázzunk 6 lapos pogácsát.
- Olajozott serpenyőben közepes lángon addig sütjük, amíg a hamburgerek mindkét oldala aranybarna nem lesz.

76. Bulgur lencse zöldségpogácsa

ÖSSZETEVŐK:

- 2 csésze főtt lencse
- 1 csésze füstölt portobello gomba,
- 1 csésze Bulgur búza
- 2 gerezd pirított fokhagyma,
- 1 evőkanál Worcestershire
- 2 evőkanál dióolaj
- $\frac{1}{4}$ teáskanál tárkony, darálva
- Só és bors ízlés szerint

UTASÍTÁS:

- Készítsen egy fa- vagy faszén grillet, és hagyja parázsig leégni.
- Egy keverőtálban pépesítsd simára a lencsét.
- Hozzáadjuk az összes hozzávalót, és alaposan összekeverjük.
- Hűtőbe tesszük legalább 2 órára. Burgereket formázunk.
- A hamburgereket megkenjük olívaolajjal, és mindkét oldalukon 6 percig sütjük, vagy készre sütjük.
- Forrón tálald kedvenc fűszereiddel.

77. Gombás tofu pogácsa

ÖSSZETEVŐK:

- ½ csésze hengerelt zab
- 1¼ csésze durvára vágott mandula
- 1 evőkanál olíva- vagy repceolaj
- ½ csésze apróra vágott zöldhagyma
- 2 teáskanál darált fokhagyma
- 1½ csésze apróra vágott Cremini
- ½ csésze főtt barna basmati
- ⅓ csésze vegán cheddar sajt
- ⅔ csésze pépesített kemény tofu
- 1 vegán tojáspótló
- 3 evőkanál apróra vágott petrezselyem
- ½ csésze száraz panko
- 6 szelet Friss mozzarella, ha szükséges

UTASÍTÁS:

- Egy serpenyőben olajat hevítünk, és a hagymát, a fokhagymát és a gombát puhára pároljuk.
- Hozzáadjuk a zabot, és folyamatos keverés mellett további 2 percig főzzük.
- Keverje össze a hagymás keveréket a rizzsel, vegán sajttal, tofuval és vegán tojáspótlóval.
- Petrezselyem, panko és mandula, és keverjük össze. Ízlés szerint sózzuk, borsozzuk.
- Formázz 6 pogácsát, és pirítsd vagy süsd aranybarnára és kívül ropogósra.
- A tetejére egy szelet friss mozzarella és friss salsa kerüljön.

78. Lencse, borsó és sárgarépa pogácsa

ÖSSZETEVŐK:

- ½ apróra vágott hagyma
- ½ csésze főtt zöld lencse
- ⅓ csésze főtt borsó
- 1 reszelt sárgarépa
- 1 evőkanál apróra vágott friss petrezselyem
- 1 teáskanál Tamari
- 2 csésze panko
- ¼ csésze liszt
- 1 vegán tojáspótló

UTASÍTÁS:

- A hagymát puhára pároljuk. A liszt kivételével az összes hozzávalót összekeverjük, és hagyjuk kihűlni.
- A zöld lencse szárazról körülbelül egy órát főz, de jól megdermed, ezért készítsen belőle egyszerre egy nagy csokorral.

79.Gyors zöldségpogácsák

ÖSSZETEVŐK:
- 10 uncia Zöldség, vegyes, fagyasztott
- 1 vegán tojáspótló
- csipet Só és bors
- ½ csésze gomba, frissen, apróra vágva
- ½ csésze panko
- 1 hagyma, szeletelve

UTASÍTÁS:
- Melegítsük elő a sütőt 350 fokra.
- Pároljuk a zöldségeket puhára
- Tedd félre, hűvös.
- A párolt zöldségeket apróra vágjuk, és összekeverjük vegán tojással, sóval, borssal, gombával és pankóval.
- A keverékből pogácsákat formázunk.
- Enyhén olajozott tepsire helyezzük a hagymaszeletekkel borított pogácsákat.
- Egyszer megforgatva süssük barnára és mindkét oldalán ropogósra, körülbelül 45 perc alatt.

80. Tex-Mex zöldségpogácsa

ÖSSZETEVŐK:
- 15¼ uncia Egész szemű kukorica konzerv
- ½ csésze folyadék fenntartva
- ½ csésze kukoricadara
- ½ csésze hagyma, apróra vágva
- ⅓ csésze piros kaliforniai paprika, finomra vágva
- ½ teáskanál lime héja, lereszelve
- ¼ csésze főtt fehér rizs
- 3 evőkanál friss koriander, apróra vágva
- 4 teáskanál Jalapeno chili paprika
- ½ teáskanál őrölt kömény
- 4 zsírmentes lisztes tortilla, 9-10 hüvelyk
- 8 evőkanál világos tejföl
- 8 evőkanál Vásárolt salsa

UTASÍTÁS:
- Keverjen össze ½ csésze kukoricaszemet és 1 evőkanál kukoricalisztet egy processzorban, amíg nedves csomók képződnek. Adjunk hozzá ¾ csésze kukoricaszemet, és dolgozzuk 10 másodpercig
- Tegye át a kukoricakeveréket egy nehéz tapadásmentes serpenyőbe. Adjunk hozzá ½ csésze kukoricafolyadékot, hagymát, kaliforniai paprikát és lime héját. Fedjük le, és nagyon alacsony lángon főzzük sűrűre és szilárdra, gyakran kevergetve 12 percig. Keverje hozzá a rizst, a koriandert, a jalapenót, a sót és a köményt. Cseppentsünk ¼-et a keverékből mind a 4 darab fóliára, és nyomkodjuk a darabokat ¾ hüvelyk vastagságú pogácsákká.
- Barbecue elkészítése. Fújja be a hamburgerek mindkét oldalát tapadásmentes spray-vel, és grillezze ropogósra,

oldalanként körülbelül 5 percig. Grill tortillákat, amíg rugalmas nem lesz, oldalanként körülbelül 30 másodpercig

1.Vega bab pogácsák

ÖSSZETEVŐK:

- 2 uncia főtt vegyes bab
- 1 hagyma, finomra vágva
- 1 sárgarépa, finomra reszelve
- 1 teáskanál növényi kivonat
- 1 teáskanál szárított fűszernövény keverék
- 1 uncia teljes kiőrlésű panko

UTASÍTÁS:

- Az összes hozzávalót konyhai robotgépben vagy turmixgépben majdnem simára keverjük.
- Formázz 4 vastag hamburgert és jól hűtsd le.
- Kenje meg olajjal, és grillezzen körülbelül 15 percig, egyszer-kétszer megfordítva.
- Tálaljuk szezámmagban ízesítővel, salátával és hatalmas darabos krumplival!

32. Hagyma Zab Patties

ÖSSZETEVŐK:

- 4 csésze Víz
- ½ csésze csökkentett sótartalmú szójaszósz
- ½ csésze tápláló élesztő
- 1 Hagyma felkockázva
- 1 evőkanál oregánó
- ½ evőkanál fokhagyma por
- 1 evőkanál szárított bazsalikom
- 4½ csésze régimódi hengerelt zab

UTASÍTÁS:

- A zab kivételével minden hozzávalót felforralunk.
- Csökkentse a hőt alacsonyra, és keverjen hozzá 4½ csésze hengerelt zabot.
- Körülbelül 5 percig főzzük, amíg a víz felszívódik.
- Töltsünk meg egy téglalap alakú tapadásmentes tepsit a keverékkel
- 350 F.-on 25 percig sütjük. Ezután vágja fel az óriási hamburgert 4 hüvelykes négyzet alakú hamburgerekre, és fordítsa meg őket.
- További 20 percig főzzük.
- Hidegen vagy melegen főételként tálaljuk.

33.Vadgombás pogácsa

ÖSSZETEVŐK:

- 2 teáskanál olívaolaj
- 1 Sárgahagyma finomra vágva
- 2 mogyoróhagyma, meghámozva és felaprítva
- $\frac{1}{8}$ teáskanál só
- 1 csésze szárított shiitake gomba
- 2 bögre Portobello gomba
- 1 csomag tofu
- ⅓ csésze pirított búzacsíra
- ⅓ csésze panko
- 2 evőkanál Lite szójaszósz
- 2 evőkanál Worcestershire szósz
- 1 teáskanál Folyékony füstaroma
- $\frac{1}{2}$ teáskanál granulált fokhagyma
- $\frac{3}{4}$ csésze gyorsfőző zab

UTASÍTÁS:

- A hagymát, a medvehagymát és a sót olívaolajon körülbelül 5 percig pároljuk.
- Száraz puhított shiitake gombát, és aprítsa fel friss gombával egy robotgépben. Hozzáadjuk a hagymához.
- 10 percig főzzük, időnként megkeverve, hogy ne ragadjon le.
- A gombát összekeverjük a pépesített tofuval, hozzáadjuk a többi hozzávalót és jól összekeverjük.
- Nedvesítse meg a kezét, hogy megakadályozza a ragadást és a pogácsák kialakulását.
- 25 percig sütjük, 15 perc után egyszer megfordítjuk.

4.Tofu Tahini zöldségpogácsák

ÖSSZETEVŐK:

- 1 kilós kemény tofu, lecsepegtetve
- 1½ csésze nyers zabpehely
- ½ csésze reszelt sárgarépa
- 1 apróra vágott pirított hagyma
- 1 evőkanál Tahini, többé-kevésbé
- 2 evőkanál Worcestershire szósz
- 1 evőkanál szójaszósz

UTASÍTÁS:

- Adja hozzá a kiválasztott fűszerek és gyógynövények keverékét.
- Sütőlapokon pogácsákat formázunk.
- 350 fokon 20 percig sütjük, majd megfordítjuk, és további 10 percig sütjük.

35. Fekete bab és földimogyoró grillezők

ÖSSZETEVŐK:

- 1 csésze TVP granulátum
- 1 csésze víz
- 1 evőkanál szójaszósz
- 15 uncia fekete bab doboz
- ½ csésze létfontosságú búzaglutén liszt
- ¼ csésze barbecue szósz
- 1 evőkanál folyékony füst
- ½ teáskanál fekete bors
- 2 evőkanál mogyoróvaj

UTASÍTÁS:

- Oldja fel a TVP-t úgy, hogy egy mikrohullámú sütőben használható edényben keverje össze vízzel és szójaszósszal, szorosan fedje le műanyag fóliával, és melegítse magas hőmérsékleten 5 percig.
- Adja hozzá a babot, a búzaglutént, a barbecue szószt, a folyékony füstöt, a borsot és a mogyoróvajat az elkészített TVP-hez, ha már elég hűvös a kezeléshez.
- Kézzel pépesítsd, amíg egynemű nem lesz, és a bab nagy része össze nem töredezett.
- 6 pogácsát formázunk belőle.
- Grillezze ezeket a babákat a grillen, és menet közben kenje meg a kiegészítő barbecue szósszal, oldalanként körülbelül 5 percig.

36.Árpa zab és zeller pogácsák

ÖSSZETEVŐK:

- 1 csésze konzerv vajbab
- ¾ csésze Bulgur, főtt
- ¾ csésze árpa, főtt
- ½ csésze gyors zabpehely, nyersen
- 1½ evőkanál szójaszósz
- 2 evőkanál barbecue szósz
- 1 teáskanál szárított bazsalikom
- ½ csésze hagyma, finomra vágva
- 1 gerezd fokhagyma, finomra aprítva
- 1 szárzeller, apróra vágva
- 1 teáskanál Só
- Bors ízlés szerint

UTASÍTÁS:

- Villával vagy burgonyatörővel csak enyhén pépesítse a babot. Daraboknak kell lenniük, nem pürésítettnek. Hozzáadjuk a többi hozzávalót és 6 pogácsát formázunk belőle.
- A serpenyőt mindkét oldalukon meglocsoljuk olajjal és barna pogácsákkal.

7. Tempeh és hagymás pogácsák

ÖSSZETEVŐK:

- 8 uncia tempeh, 1/2 hüvelykes kockákra vágva
- ¾ csésze apróra vágott hagyma
- 2 gerezd fokhagyma, apróra vágva
- ¾ csésze darált dió
- 1/2 csésze régimódi vagy gyorsan elkészíthető zab
- 1 evőkanál darált friss petrezselyem
- 1/2 teáskanál szárított oregánó
- 1/2 teáskanál szárított kakukkfű
- 1/2 teáskanál só
- 1/4 teáskanál frissen őrölt fekete bors
- 3 evőkanál olívaolaj
- dijoni mustár
- Szeletelt lilahagyma, paradicsom, saláta és avokádó

UTASÍTÁS:

- Egy serpenyőben, forrásban lévő vízben főzzük a tempeh-et 30 percig. Leszűrjük és félretesszük hűlni.
- Aprítógépben keverjük össze a hagymát és a fokhagymát, és dolgozzuk fel darálásig. Adjuk hozzá a kihűlt tempeh-t, a diót, a zabot, a petrezselymet, az oregánót, a kakukkfüvet, a sót és a borsot. Addig dolgozzuk, amíg jól el nem keveredik. A keverékből 4 egyenlő pogácsát formázunk.
- Egy serpenyőben az olajat túlmelegítjük. Hozzáadjuk a hamburgert, és mindkét oldalukat alaposan megpirítjuk, és oldalanként kb. 7 percig sütjük.
- Állítsa össze a hamburgereket egy szitálás mustárral, salátával, paradicsommal, lilahagymával és avokádóval.

88. Vegyes bab- és zabpogácsák

ÖSSZETEVŐK:

- 1 evőkanál olívaolaj
- 1 hagyma, apróra vágva
- 4 gerezd fokhagyma, felaprítva
- 1 sárgarépa, felaprítva
- 1 teáskanál őrölt kömény
- 1 teáskanál chili por
- Bors ízlés szerint
- 15 *uncia* pinto bab, leöblítve, lecsepegtetve és pépesítve
- 15 *uncia* feketebab, leöblítve, lecsöpögtetve és pépesítve
- 1 evőkanál ketchup
- 2 evőkanál dijoni mustár
- 2 evőkanál szójaszósz
- 1 ½ csésze zab
- ½ csésze salsa
- 8 db salátalevél

UTASÍTÁS:

- Adjuk hozzá az olívaolajat egy serpenyőbe tűzön.
- Főzzük a hagymát 2 percig, gyakran kevergetve.
- Keverjük hozzá a fokhagymát. Ezután főzzük 1 percig.
- Adjuk hozzá a sárgarépát, az őrölt köményt és a chiliport.
- 2 percig kevergetve főzzük.
- Tegye át a sárgarépa keveréket egy tálba.
- Keverje hozzá a pépesített babot, a ketchupot, a mustárt, a szójaszószt és a zabot.
- Pogácsákat formázunk.
- A pogácsákat oldalanként 4-5 percig grillezzük.
- Salsával és salátával tálaljuk.

39. Tempeh és diós pogácsák

ÖSSZETEVŐK:

- 8 uncia tempeh, 1/2 hüvelykes kockákra vágva
- ¾ csésze apróra vágott hagyma
- 2 gerezd fokhagyma, apróra vágva
- ¾ csésze darált dió
- 1/2 csésze régimódi vagy gyorsan elkészíthető zab
- 1 evőkanál darált friss petrezselyem
- 1/2 teáskanál szárított oregánó
- 1/2 teáskanál szárított kakukkfű
- 1/2 teáskanál só
- 1/4 teáskanál frissen őrölt fekete bors
- 3 evőkanál olívaolaj
- dijoni mustár
- Szeletelt lilahagyma, paradicsom, saláta és avokádó

UTASÍTÁS:

- Egy serpenyőben, forrásban lévő vízben főzzük a tempeh-et 30 percig. Leszűrjük és félretesszük hűlni.
- Aprítógépben keverjük össze a hagymát és a fokhagymát, és dolgozzuk fel darálásig. Adjuk hozzá a kihűlt tempeh-t, a diót, a zabot, a petrezselymet, az oregánót, a kakukkfüvet, a sót és a borsot. Addig dolgozzuk, amíg jól el nem keveredik. A keverékből 4 egyenlő pogácsát formázunk.
- Egy serpenyőben az olajat túlmelegítjük. Hozzáadjuk a hamburgert, és mindkét oldalukat alaposan megpirítjuk, és oldalanként kb. 7 percig sütjük.
- Összeállítjuk a hamburgereket mustárral, a tetejére pedig salátát, paradicsomot, lilahagymát és avokádót teszünk.

0.Makadámia- kesudió pogácsák

ÖSSZETEVŐK:

- 1 csésze apróra vágott makadámdió
- 1 csésze apróra vágott kesudió
- 1 sárgarépa, lereszelve
- 1 hagyma, apróra vágva
- 1 gerezd fokhagyma, felaprítva
- 1 jalapeño vagy más zöld chili kimagozva és darálva
- 1 csésze régimódi zab
- 1 csésze száraz fűszerezetlen mandulaliszt
- 2 evőkanál darált friss koriander
- 1/2 teáskanál őrölt koriander
- Só és frissen őrölt fekete bors
- 2 teáskanál friss limelé
- Repce- vagy szőlőmagolaj, sütéshez
- Salátalevél és ízlés szerinti fűszer

UTASÍTÁS:

- Egy robotgépben keverje össze a makadámdiót, a kesudiót, a sárgarépát, a hagymát, a fokhagymát, a chilit, a zabot, a mandulalisztet, a koriandert, a koriandert, valamint ízlés szerint sót és borsot.
- Addig dolgozzuk, amíg jól el nem keveredik. Hozzáadjuk a lime levét, és jól összedolgozzuk. Kóstoljuk meg, ha szükséges fűszerezzük. A keverékből 4 egyenlő pogácsát formázunk.
- Egy serpenyőben vékony réteg olajat hevítünk túl. Hozzáadjuk a pogácsákat, és mindkét oldalukat aranybarnára sütjük, összesen kb. 10 percig fordítva.
- Tálaljuk salátával és ízlés szerinti fűszerekkel.

91.Arany csicseriborsó hamburgerek

ÖSSZETEVŐK:

- 2 evőkanál olívaolaj
- 1 db sárgahagyma apróra vágva
- 1/2 sárga kaliforniai paprika apróra vágva
- 11/2 csésze főtt csicseriborsó
- ¾ teáskanál só
- 1/4 teáskanál frissen őrölt fekete bors
- 1/4 csésze búzaglutén liszt
- Választható fűszerek

UTASÍTÁS:

- Egy serpenyőben felforrósítunk 1 evőkanál olajat, és túlmelegítjük. Adjuk hozzá a hagymát és a borsot, és főzzük, amíg megpuhul, körülbelül 5 percig. Tegyük félre kicsit hűlni.
- A kihűlt hagymás keveréket aprítógépbe tesszük. Adjuk hozzá a csicseriborsót, sót és fekete borsot, és keverjük össze. Adjuk hozzá a lisztet és dolgozzuk össze.
- Formázz a keverékből 4 hamburgert, körülbelül 4 hüvelyk átmérőjűvé. Ha a keverék túl laza, adjunk hozzá egy kevés lisztet.
- Egy serpenyőben a maradék 2 evőkanál olajat túlmelegítjük. Hozzáadjuk a hamburgert, és mindkét oldalukon megszilárdulásig és barnulásig sütjük, egyszer megfordítva, oldalanként körülbelül 5 percig.
- Tálaljuk a hamburgereket az Ön által választott fűszerekkel.

92. Currys csicseriborsó pogácsák

ÖSSZETEVŐK:

- 3 evőkanál olívaolaj
- 1 hagyma, apróra vágva
- 11/2 teáskanál forró vagy enyhe currypor
- 1/2 teáskanál só
- 1/8 teáskanál őrölt cayenne
- 1 csésze főtt csicseriborsó
- 1 evőkanál apróra vágott friss petrezselyem
- 1/2 csésze búzagluténliszt
- 1/3 csésze száraz fűszerezetlen mandulaliszt
- Saláta levelek
- 1 érett paradicsom 1/4 hüvelykes szeletekre vágva

UTASÍTÁS:

- Egy serpenyőben felforrósítunk 1 evőkanál olajat, és túlmelegítjük. Adjuk hozzá a hagymát, fedjük le, és főzzük, amíg megpuhul, 5 percig. Keverjünk hozzá 1 teáskanál curryport, sót és cayenne-t, majd vegyük le a tűzről. Félretesz, mellőz.
- Aprítógépben keverjük össze a csicseriborsót, a petrezselymet, a búzagluténlisztet, a mandulalisztet és a főtt hagymát. A folyamat egyesítése, hagyva némi textúrát.
- A csicseriborsó keverékből 4 egyenlő pogácsát formázunk, és félretesszük.
- Egy serpenyőben a maradék 2 evőkanál olajat túlmelegítjük. Hozzáadjuk a pogácsákat, lefedjük, és mindkét oldalukat aranybarnára sütjük, egyszer megfordítva, oldalanként körülbelül 5 percig.
- Egy tálban keverjük össze a maradék 1/2 teáskanál curryport a majonézzel keveredik.

- A hamburgert salátával és paradicsomszeletekkel tálaljuk.

93. Pinto babpogácsa Mayoval

ÖSSZETEVŐK:

- 1 1/2 csésze főtt pinto bab
- 1 medvehagyma, apróra vágva
- 1 gerezd fokhagyma, felaprítva
- 2 evőkanál apróra vágott friss koriander
- 1 teáskanál kreol fűszer
- 1/4 csésze búzagluténliszt
- Só és frissen őrölt fekete bors
- 1/2 csésze száraz fűszerezetlen mandulaliszt
- 2 teáskanál friss limelé
- 1 serrano chile, kimagozva és darálva
- 2 evőkanál olívaolaj
- Reszelt saláta
- 1 paradicsom, 1/4 hüvelykes szeletekre vágva

UTASÍTÁS:

- Törölje le a babot papírtörlővel, hogy felszívja a felesleges nedvességet. Aprítógépben keverje össze a babot, a medvehagymát, a fokhagymát, a koriandert, a kreol fűszereket, a lisztet, valamint ízlés szerint sót és borsot. Addig dolgozzuk, amíg jól el nem keveredik.
- A keverékből 4 egyenlő pogácsát formázunk, ha szükséges, adjunk hozzá még lisztet. A pogácsákat beleforgatjuk a mandulalisztbe. 20 percre hűtőbe tesszük.
- Egy tálban keverje össze a majonézt, a lime levét és a serrano chilit. Ízlés szerint sózzuk, borsozzuk, jól összekeverjük, és tálalásig hűtőbe tesszük.
- Egy serpenyőben az olajat túlmelegítjük. Hozzáadjuk a pogácsákat, és mindkét oldalukon barnára és ropogósra sütjük, oldalanként körülbelül 5 percig.
- A pogácsákat salátával és paradicsommal tálaljuk.

94. Lencse rizsburgerrel

ÖSSZETEVŐK:

- ¾ csésze Lencse
- 1 Édesburgonya
- 10 Friss spenót levelek
- 1 csésze Friss gomba, apróra vágva
- ¾ csésze mandulaliszt
- 1 tk Tárkony
- 1 tk Fokhagyma por
- 1 tk Petrezselyempehely
- ¾ csésze Hosszúszemű rizs

UTASÍTÁS:

- főzzük, amíg kissé ragadós lesz, a lencsét pedig puhára. Kissé hűtsük le.
- A meghámozott édesburgonyát apróra vágjuk, és puhára főzzük. Kissé hűtsük le.
- A spenótleveleket le kell öblíteni és finomra aprítani.
- Keverje össze az összes hozzávalót és a fűszereket, adjon hozzá sót és borsot ízlés szerint.
- Hűtőben hűtjük 15-30 percig.
- Pogácsákat formázunk, és serpenyőben megpirítjuk, vagy zöldséggrillben, szabadtéri grillen is elkészíthetjük.
- Ügyeljen arra, hogy egy serpenyőt zsírozzon vagy permetezzen be Pam-mel, mert ezek a hamburgerek hajlamosak leragadni.

95. Shiitake és Oats Patty

ÖSSZETEVŐK:

- 8 uncia hengerelt zab
- 4 uncia vegán mozzarella sajt
- 3 uncia Shiitake gomba felkockázva
- 3 uncia fehér hagyma felkockázva
- 2 gerezd fokhagyma apróra vágva
- 2 uncia pirospaprika kockára vágva
- 2 uncia cukkini kocka

UTASÍTÁS:

- Keverje össze az összes hozzávalót egy konyhai robotgépben.
- Nyomja meg a be/ki kapcsolót, hogy nagyjából összekeverje az összetevőket.
- Ne keverje túl. A végső keverés kézzel is elvégezhető. Négyunciás pogácsákat formázunk.
- Egy serpenyőben adjunk hozzá egy kevés olívaolajat.
- Amikor a serpenyő forró, hozzáadjuk a pogácsát.
- Oldalanként egy percig sütjük.

96. zab , Tojásos és mozzarella pogácsában

ÖSSZETEVŐK:

- ½ csésze zöldhagyma, apróra vágva
- ¼ csésze zöldpaprika, apróra vágva
- ¼ csésze petrezselyem, apróra vágva
- ¼ teáskanál fehér bors
- 2 gerezd fokhagyma, kockára vágva
- ½ csésze Vegán Mozzarella sajt, reszelve
- ¾ csésze barna rizs
- ⅓ csésze víz vagy fehérbor
- ½ csésze sárgarépa, felaprítva
- ⅔ csésze hagyma, apróra vágva
- 3 zellerszár, apróra vágva
- 1¼ teáskanál fűszersó
- ¾ teáskanál kakukkfű
- ½ csésze vegán Cheddar sajt, reszelve
- 2 csésze gyors zab
- ¾ csésze Bulgur búza

UTASÍTÁS:

- Főzzük meg a rizst és a bulgur búzát.
- Fedett serpenyőben 3 percig pároljuk a zöldségeket, egyszer-kétszer megkeverve.
- Alaposan csepegtessük le, és keverjük össze a rizzsel és a sajttal, amíg a sajt kissé megolvad.
- Keverjük hozzá a többi hozzávalót.
- Formázzunk 4 uncia pogácsákat.
- Süssük egyenként körülbelül 10 percig grillsütőn, főzőpermet segítségével.
- Főételként tálaljuk.

97. Diós és zöldséges pogácsák

ÖSSZETEVŐK:

- ½ vöröshagyma
- 1 borda zeller
- 1 sárgarépa
- ½ piros kaliforniai paprika
- 1 csésze dió, pirított, őrölt
- ½ csésze panko
- ½ csésze orzo tészta
- 2 vegán tojáspótló
- Só, bors
- Avokádó szeletek
- Lilahagyma szeletek
- Ketchup
- Mustár

UTASÍTÁS:

- A hagymás zellert, a sárgarépát és a piros kaliforniai paprikát olajon puhára pároljuk
- Adjuk hozzá a fokhagymát, a diót, a morzsát és a rizst. Pogácsákat formázunk.
- Olajban aranysárgára sütjük.
- Egy tálra szereljük össze.

98.Marokkói Yam Vega Burgerek

ÖSSZETEVŐK:
- 1,5 csésze reszelt jam
- 2 gerezd fokhagyma, meghámozva
- ¾ csésze friss korianderlevél
- 1 darab friss gyömbér, meghámozva
- 15 uncia konzerv csicseriborsó, lecsepegtetve és leöblítve
- 2 evőkanál őrölt len 3 evőkanál vízzel elkeverve
- ¾ csésze hengerelt zab, lisztté őrölve
- ½ evőkanál szezámolaj
- 1 evőkanál kókuszdió aminosav vagy alacsony nátriumtartalmú tamari
- ½-¾ teáskanál finom szemű tengeri só vagy rózsaszín himalájai só ízlés szerint
- Frissen őrölt fekete bors, ízlés szerint
- 1 ½ teáskanál chili por
- 1 teáskanál kömény
- ½ teáskanál koriander
- ¼ teáskanál fahéj
- ¼ teáskanál kurkuma
- ½ csésze koriander-lime tahini szósz

UTASÍTÁS:
- Melegítse elő a sütőt 350 F-ra. Egy tepsit kibélelünk egy darab sütőpapírral.
- Hámozza meg a jamgymát. A normál méretű rácsnyílás segítségével reszelje le a dzsemet, amíg 1,5 enyhén csomagolt csésze nem lesz. Tedd egy tálba.
- Távolítsa el a reszelő tartozékot az élelmiszer-feldolgozóból, és tegye bele a szokásos "s" pengét. A fokhagymát, a koriandert és a gyömbért apróra vágjuk.

- Adjuk hozzá a lecsepegtetett csicseriborsót, és dolgozzuk újra finomra, de hagyjunk némi állagot. Ezt a keveréket kanalazzuk egy tálba.
- Egy tálban keverjük össze a len és a víz keverékét.
- A zabot turmixgéppel vagy konyhai robotgéppel liszttté őröljük. Vagy használhat ¾ csésze + 1 evőkanál előre őrölt zablisztet. Ezt keverjük a keverékhez a lenkeverékkel együtt.
- Most keverje hozzá az olajat, az aminosavakat/tamarit, a sót/borsot és a fűszereket, amíg teljesen össze nem keveredik. Igény szerint ízlés szerint igazítjuk.
- Formázzunk 6-8 pogácsát, szorosan egymás mellé csomagolva. Sütőpapíros tepsire tesszük.
- Süssük 15 percig, majd óvatosan fordítsuk meg, és süssük további 18-23 percig, amíg aranybarna és szilárd nem lesz. Nyugi Mr.

99. Lencse, pisztácia és shiitake burger

ÖSSZETEVŐK:
A BURGEREKNEK
- 3 medvehagyma kockára vágva
- 2 teáskanál olívaolaj
- $\frac{1}{2}$ csésze fekete lencse, leöblítve
- 6 szárított shiitake gomba sapka
- $\frac{1}{2}$ csésze pisztácia
- $\frac{1}{4}$ csésze friss petrezselyem, apróra vágva
- $\frac{1}{4}$ csésze létfontosságú búzaglutén
- 1 evőkanál Ener-G, $\frac{1}{8}$ csésze vízzel felverve
- 2 teáskanál szárított dörzsölt zsálya
- $\frac{1}{2}$ teáskanál só
- $\frac{1}{4}$ teáskanál tört bors

A SZÜGGELŐHÖZ
- 3 burgonya meghámozva és vékonyra vágva
- növényi olaj, sütéshez
- só

UTASÍTÁS:
- Forraljon fel három csésze vizet. Amíg a víz felmelegedésére várunk, a felkockázott medvehagymát külön serpenyőbe dobjuk az olajjal, és lassú tűzön megdinszteljük.
- Amikor a víz forrni kezd, adjuk hozzá a lencsét és a szárított shiitake sapkát, és helyezzük a fedőt az edényre, hogy a főzés során egy kis gőz távozhasson. 18-20 percig forraljuk, majd finom szűrőbe öntjük, hogy lecsepegjen és kihűljön. Ha kihűlt, távolítsa el a shiitake-t a lencséről, és vágja fel, dobja el a kemény szárát.
- A pisztáciát aprítógépbe tesszük, és durvára daráljuk. A medvehagymának ekkorra már szépen karamellizálódnia

kell. Adja hozzá a medvehagymát, a lencsét, a kockára vágott shiitake sapkát, a pisztáciát és a petrezselymet egy tálba, és keverje jól össze. Adjuk hozzá a létfontosságú búzaglutént és keverjük össze.
- Most adjuk hozzá a víz/Energ-G keveréket, és keverjük körülbelül két percig erős villával, hogy a glutén fejlődjön. Most adjuk hozzá a zsályát, sózzuk és borsozzuk, és addig keverjük, amíg jól össze nem áll. Ezután a keveréket néhány órára hűtőszekrénybe helyezheti, vagy azonnal megsütheti a hamburgert.
- A hamburgerek sütéséhez pogácsákat formázunk belőlük, és formázás közben kissé összenyomkodjuk a keveréket. Serpenyőben kevés olívaolajon mindkét oldalát 2-3 percig sütjük, vagy amíg kissé megpirul.
- A krumpli elkészítéséhez tegyen néhány centiméter növényi olajat egy edénybe. Erős lángon felhevítjük.
- Részletekben megsütjük.
- 4-5 perc alatt ropogósra sütjük, majd hőálló csipesszel kivesszük az olajból.
- Papírtörlőre tesszük lecsepegni, és azonnal megszórjuk egy kevés sóval.

100. Magas fehérjetartalmú vegán hamburgerek

ÖSSZETEVŐK:
- 1 csésze texturált növényi fehérje
- ½ csésze főtt vörös bab
- 3 evőkanál olaj
- 1 evőkanál juharszirup
- 2 evőkanál paradicsompüré
- 1 evőkanál szójaszósz
- 1 evőkanál tápláló élesztő
- ½ teáskanál őrölt kömény
- ¼ teáskanál mindegyik: paprika őrölt chili por, fokhagyma por, hagymapor, oregánó
- ⅛ teáskanál folyékony füst
- ¼ csésze víz vagy céklalé
- ½ csésze létfontosságú búzaglutén

UTASÍTÁS:
- Forraljunk fel egy fazék vizet. Ha felforrt, hozzáadjuk a texturált növényi fehérjét, és 10-12 percig pároljuk. Engedje le a TVP-t, és öblítse le néhányszor. Nyomja meg a TVP-t a kezével, hogy eltávolítsa a felesleges nedvességet.
- Egy konyhai robotgép táljába adjuk hozzá a főtt babot, az olajat, a juharszirupot, a paradicsompürét, a szójaszószt, az élesztőt, a fűszereket, a folyékony füstöt és a vizet. Dolgozzuk 10-20 másodpercig, szükség esetén kaparjuk le az oldalát, majd dolgozzuk újra, amíg pürét nem kapunk. Nem kell teljesen sima.
- Adjuk hozzá a rehidratált TVP-t, és dolgozzuk 7-10 másodpercig, vagy amíg a TVP nagyon finomra nem vágódik, a keveréknek úgy kell kinéznie, mint a bolognai szósz. Ne

akarjon nagy darab TVP-t enni, különben a hamburgerek nem fognak jól összetartani.

- Öntse a keveréket egy keverőtálba, és adja hozzá a létfontosságú búzaglutént. Először fával keverjük össze, majd kézzel gyúrjuk 2-3 percig, hogy kialakuljon a glutén. A keveréknek lágynak és enyhén rugalmasnak kell lennie.
- A keveréket 3 részre osztjuk, és pogácsákat formázunk belőle. Óvatosan csomagoljon minden hamburgert sütőpapírba, majd alufóliába.
- Tegye a becsomagolt hamburgereket gyorsfőzőbe (halmozhatja őket), és süsse 1 óra 20 percig. Használhat főzőlap gyorsfőzőt vagy Instant Potot.
- Ha megsült, csomagolja ki a hamburgert, és hagyja hűlni 10 percig. Most kis olajon serpenyőben sütheti a hamburgereket mindkét oldalukon aranybarnára.
- A hamburgerek akár 4 napig is elállnak a hűtőszekrényben. Hűtőben kicsit megkeményednek, de melegítés után megpuhulnak.

KÖVETKEZTETÉS

Amint e finom utazás végéhez érünk, reméljük, hogy a "Kerttől a tányérig: A zöldséges húsgombócok szakácskönyve" inspirált arra, hogy saját konyhájában sajátítsa el a zöldséges húsgombócok ízeit és állagát. A zöldségfasírt tápláló és kreatív alternatívát kínál a hagyományos húsgombócokhoz, és arra biztatjuk, hogy folytassa ennek a sokoldalú ételnek a felfedezését és kísérletezését.

Reméljük, hogy az ebben a szakácskönyvben ismertetett receptek és technikák segítségével önbizalmat és ihletet nyert ahhoz, hogy ízletes és tápláló zöldségfasírtokat készítsen. Akár főételként, akár tésztaételekhez adjuk, akár szendvicsekbe vagy pakolásokba adjuk, minden falat egy egészséges és ízletes étel megelégedésére szolgálhat.

Tehát, amikor belevág saját zöldséges húsgombóc kalandjaiba, legyen a "Kerttől a tányérig" a megbízható társ, amely ízletes receptekkel, hasznos tippekkel és kulináris felfedezés érzésével szolgál. Fogadja el a kreativitást, az ízeket és a zöldséges húsgombócok által kínált táplálékot, és hagyja, hogy minden elkészített étel a növényi alapú összetevők vibráló világának ünnepévé váljon.

Konyháját megtölti a zöldséges húsgombócok sütés-sütésének csábító aromái, a sercegő finomság hangja, és az öröm, hogy egészséges és ízletes növényi ételekkel táplálja testét. Jó főzést, és a zöldséges húsgombócok hozzon elégedettséget és gyönyört az asztalára!

www.ingramcontent.com/pod-product-compliance
Lightning Source LLC
LaVergne TN
LVHW021704060526
838200LV00050B/2495